HISTOIRE

DE LA

BIBLIOTHEQUE

DE L'ABBAYE

DE SAINT-VICTOR

A PARIS

D'APRÈS DES DOCUMENTS INÉDITS

PAR

ALFRED FRANKLIN

DE LA BIBLIOTHÈQUE MAZARINE

A PARIS

CHEZ AUGUSTE AUBRY

L'UN DES LIBRAIRES DE LA SOCIÉTE DES BIBLIOPHILES FRANÇOIS

RUE DAUPHINE, 16

M.DCCC.LXV.

HISTOIRE

DE LA

BIBLIOTHEQUE

DE L'ABBAYE

DE SAINT-VICTOR

A PARIS

Tiré à 3oo exemplaires :

Paris.—Imprimé chez Bonaventure, Ducessois et Cie,
55, quai des Grands-Augustins.

HISTOIRE

DE LA

BIBLIOTHEQUE

DE L'ABBAYE

DE SAINT-VICTOR

A PARIS

D'APRÈS DES DOCUMENTS INÉDITS

PAR

ALFRED FRANKLIN

DE LA BIBLIOTHÈQUE MAZARINE

A PARIS

CHEZ AUGUSTE AUBRY

L'UN DES LIBRAIRES DE LA SOCIÉTÉ DES BIBLIOPHILES FRANÇOIS

RUE DAUPHINE, 16

M.DCCC.LXV.

PRÉFACE

Au milieu du dix-septième siècle, il n'y avait encore à Paris aucune bibliothèque publique. Oublieuse de son glorieux passé, la collection rassemblée jadis à Notre-Dame, depuis près de deux cent cinquante ans ne communiquait plus ses richesses qu'aux prêtres de la cathédrale; l'Europe entière ne comptait que trois bibliothèques où chacun eût un libre accès. A la fin de l'année 1643, le cardinal Mazarin qui, secondé par le savant Gab. Naudé, avait réuni dans son palais plus de douze mille volumes, les mit sans réserve à la disposition du public.

La bibliothèque de Mazarin, une parvenue, donnait là un noble exemple; aucune des magnifiques collections, depuis si longtemps conservées au sein des grandes abbayes parisiennes, n'avait songé à prendre cette initiative. L'idée une fois émise et réalisée, elles ne s'empressèrent pas de l'imiter.

Autrefois si zélée pour l'enseignement, si empressée vis-à-vis des hommes avides de s'instruire, l'Église déjà boudait la science. Depuis qu'elle avait vu les progrès de l'esprit humain se retourner contre elle et menacer ses vieux priviléges, la diffusion des lumières permettre à tous d'examiner de près son histoire et ses dogmes, elle s'était éloignée d'un monde qui semblait la méconnaître, et, fidèle au culte du moyen âge, s'efforçait de rester dans son ombre.

S'il faut en croire Gui Patin, le surintendant Fouquet, qui volontiers donnait d'une main ce qu'il volait de l'autre, désirait, à l'exemple de son ancien maître, ouvrir sa propre bibliothèque au public. Les Jésuites l'en empêchèrent longtemps, la catastrophe qui renversa sa fortune rendit ensuite ce projet impossible.

Il fut repris presque aussitôt, et encore par un particulier. Le 27 mars 1652, Henri du Bouchet, sieur de Bournonville, légua à l'abbaye de Saint-Victor sa bibliothèque, riche de six mille volumes, à la seule condition que, trois jours par semaine, les « gens d'étude » pourraient y aller travailler en toute liberté. Les religieux, il faut le reconnaître, s'empres-

sèrent d'accepter cette donation, et en obser-
vèrent scrupuleusement les clauses.

Un chroniqueur de Saint-Victor nous dit que
si son abbaye fut choisie pour exécuter ce
généreux dessein, elle le dut surtout à l'af-
fection que le donateur portait à l'un des religieux de l'établissement, le P. Eustache de
Blémur. Du Bouchet fut certainement guidé
encore par d'autres considérations.

Il pensa peut-être d'abord à l'église Notre-
Dame. Mais celle-ci, selon toute apparence, eût
refusé un legs qui l'enrichissait au profit du
public. Trente ans plus tard, dans une circ-
constance semblable, elle n'accepta la donation
de Cl. Joly qu'après que le savant chanoine
eut consenti à dispenser la cathédrale de l'obli-
gation qu'il voulait lui imposer.

Restait Saint-Victor, la vieille abbaye scolastique, la rivale de Notre-Dame, placée comme
elle au centre de l'Université, et pleine encore

des antiques souvenirs de l'enseignement primitif. Dès que l'instruction publique s'irradie, dès qu'elle abandonne la *Cité*, son berceau, Saint-Victor partage avec Sainte-Geneviève l'honneur de recueillir les débris de la célèbre école du cloître, et de la surpasser. Alors autour du monastère se livrent les grandes luttes du nominalisme et du réalisme; il entend les fougueuses imprécations de Guillaume de Champeaux; il voit même s'asseoir un instant sur ses bancs Abélard, dont la voix éloquente rêve déjà de plus puissants échos.

C'est là, au reste, l'époque la plus glorieuse de l'abbaye de Saint-Victor. Le bruit peu à peu s'apaise, puis cesse; le cloître est encore fréquenté, mais il reste silencieux, le calme de la mort l'a envahi; tout au plus, de loin en loin, voit-on s'en échapper les accents inspirés d'un Santeuil.

Depuis le quinzième siècle, l'histoire de Saint-Victor devient donc à peu près nulle; les

documents manuscrits sont nombreux pourtant, mais ce sont les siècles passés surtout
qu'ils font revivre. L'œuvre de du Bouchet,
malgré tout, subsiste, sans cesse complétée
par de dévoués imitateurs. La Révolution la
trouvera intacte, et elle-même n'y touchera
que pour l'élargir et la généraliser.

TABLE DES MATIÈRES

HISTOIRE

DE LA

BIBLIOTHEQUE

DE L'ABBAYE

DE SAINT-VICTOR

LA fondation de l'abbaye de Saint-Victor se rattache, d'une manière intime, aux premiers développements de l'instruction publique à Paris. Nous avons dit ailleurs quelle puissante impulsion fut donnée aux lettres par Charlemagne, quels obstacles s'opposèrent à la réalisation complète de ses idées, et quelles vicissitudes elles durent traverser pendant les siècles

1

suivants [1]. Nous avons montré les différentes spécialités représentées dans l'enseignement se subdivisant, un peu plus tard, en *Facultés* distinctes, et décrit l'organisation primitive, ainsi que les progrès de l'une d'entre elles [2]. La première injonction faite aux évêques d'avoir à établir dans leurs cathédrales des écoles publiques et gratuites date de l'assemblée d'Aix-la-Chapelle, en 789; elle fut renouvelée, dans des termes presque identiques, en 1170, par le troisième concile général de Latran. Il n'y avait d'ailleurs eu encore aucune tentative de réglementation pour l'enseignement; tout homme qui se croyait en état d'argumenter se proclamait professeur et ouvrait une école [3]. Le concile de Rouen en 1074, celui de Londres en 1138, s'efforcèrent de limiter le nombre toujours croissant de ces petits établissements, et de centraliser l'étude au sein des églises et des abbayes. Dès lors, le droit d'enseigner devint un privilége qui ne fut plus accordé qu'après examen, et dont disposèrent, chacun sur son territoire respectif, les chefs des deux plus célèbres écoles de cette épo-

1. *Recherches sur la bibliothèque publique de l'église Notre-Dame de Paris au treizième siècle.*
2. *Recherches sur la bibliothèque de la Faculté de médecine de Paris.*
3. J. A. Hazon. *Eloge historique de l'Université de Paris*, p. 53.

que : le chancelier de Notre-Dame et l'écolâtre de Sainte-Geneviève [1]. On comprend que ceux-ci cherchèrent à diminuer une concurrence qui, plus d'une fois déjà, les avait alarmés, et qu'ils ne tardèrent pas à posséder presque exclusivement le monopole de l'enseignement.

Au début du douzième siècle, l'école la plus ancienne et la plus célèbre était celle du cloître de l'église Notre-Dame, où avaient tour à tour professé avec éclat l'Anglais Adam, d'abord possesseur d'une école située au Petit-Pont [2], Pierre Comestor, Michel de Corbeil et Pierre le Chantre ; sa gloire s'était encore accrue depuis qu'à sa tête se trouvait le savant Guillaume de Champeaux (*Guillelmus Campellensis*), archidiacre de l'église de Paris [3]. C'est à ce moment qu'on y vit arriver Abélard. Guillaume pressentit bien vite l'avenir de son nouveau disciple ; et, soit prudence, soit sympathie réelle, il s'attacha à le traiter en ami et lui offrit même un logement dans sa propre demeure [4]. Cette entente fut de courte durée. Abélard apprit rapidement le *trivium* et le *quadrivium*, l'encyclopédie

1. *Histoire de sainte Geneviève et de son église royale et apostolique.* Bibliothèque Sainte-Geneviève, *manuscrits*, n° H° 21², p. 575.

2. Duboulay, *Historia Universitatis Parisiensis*, t. II, p. 717.

3. Crevier, *Histoire de l'Université de Paris*, t. I°°, p. 116.

4. *Histoire littéraire de la France*, t. XII, p. 88.

des sciences de cette époque [1], et l'élève de Guillaume de Champeaux ne tarda pas à devenir son rival.

Une grave question, qui fut le point de départ de la philosophie scolastique, passionnait alors tous les esprits cultivés : on était nécessairement réaliste ou nominaliste. Guillaume de Champeaux soutenait la première thèse; Abélard, qui avait d'abord eu pour maître le nominaliste Jean Roscelin, défendait la seconde ; il la modifia cependant assez pour créer un système particulier, qui prit le nom de *conceptualisme* [2]. Abélard entrait donc déjà dans la voie qui devait, dix ans plus tard, après la défaite d'Anselme de Laon, faire de lui un immortel chef d'école, et le fondateur de ce que nous appelons aujourd'hui le rationalisme [3].

Abélard quitte Paris et transporte sa chaire à Melun, où résidait alors Philippe-Auguste; puis il se rapproche et s'établit à Corbeil, d'où il attaque ouvertement l'école de Notre-Dame. Sa célébrité grandit chaque jour; Guillaume de Champeaux

1. Le *trivium* comprenait la rhétorique, la grammaire et la dialectique ; et le *quadrivium* l'arithmétique, la géométrie, l'astronomie et la musique. Voyez B. Hauréau, *Histoire de la philosophie scolastique*, t. Ier, p. 19 et suiv.

2. B. Hauréau, *Histoire de la philosophie scolastique*, t. Ier, *passim.*

3. Voyez V. Cousin, *Introduction aux œuvres inédites d'Abélard*, p. II.

voit le vide se faire autour de lui, ses disciples le quittent en foule pour courir aux leçons d'Abélard.

Sur une partie du vaste emplacement qu'occupe aujourd'hui l'Entrepôt des vins, on voyait alors une petite chapelle dédiée à saint Victor, et qui venait d'être érigée en prieuré [1]; c'est là que Guillaume de Champeaux alla cacher son désespoir et la honte de sa défaite [2].

Il y eut un moment de trêve entre les deux adversaires. Quelques élèves de Guillaume de Champeaux l'avaient suivi à Saint-Victor; le célèbre réaliste y ouvrit des cours [3], et Abélard redevint volontairement une seconde fois son disciple. Mais l'influence de ce grand esprit se fit de nouveau sentir; on le pressa de reprendre son enseignement, le successeur de Guillaume de Champeaux à Notre-Dame descendit de sa chaire et la lui offrit [4]. L'irritation de l'archidiacre fut au comble; battu sur le terrain de la dialectique, il eut recours à d'autres armes, et, appuyé sur la faveur du roi, força Abélard à s'éloigner.

Tranquille de ce côté, il s'occupa d'organiser le

_____

1. *De fundatione Sancti-Victoris.* Bibliothèque impériale, manuscrits, fonds de Saint-Victor, n° 473.
2. *Gallia christiana*, t. VII, p. 657.
3. *Histoire littéraire de la France*, t. X, p. 308.
4. *Histoire littéraire de la France*, t. XII, p. 89.

prieuré de Saint-Victor; il y établit un chapitre
de chanoines réguliers, et obtint de Louis VI, en
1113, une charte qui lui conférait le titre d'abbaye [1]. Mais ayant été nommé, la même année,
évêque de Châlons-sur-Marne [2]. Gilduin, son disciple, fut le premier abbé de Saint-Victor [3]. Louis
le Gros conserva sa protection à cette Maison,
qui devint rapidement riche et florissante. « Elle
fut si féconde, dit l'abbé Lebeuf, et il en sortit
tant de rejettons, que, s'étant étendus sur la
montagne voisine, ils formèrent ce que, dans le
siècle suivant, on appella l'Université [4]. » Parmi
les sujets que cette célèbre école avait formés, on
comptait déjà, au douzième siècle, sept cardinaux,
deux archevêques, six évêques et cinquante-
quatre abbés [5].

Les religieux songèrent presque aussitôt à se
créer une bibliothèque [6]. On peut suivre le développement de cette collection à ses débuts dans le

---

1. *De fundatione Sancti-Victoris*, etc. — *Gallia christiana*,
t. VII, p. 657. — Cf. Héméré, *De academia Parisiensi*, p. 39.
— Cette charte a été publiée en entier par Dubreuil, dans son
Theatre des antiquites de Paris, p. 308, et dans le *Gallia christiana*, t. VII, *instrumenta*, p. 46.

2. Fleury, *Histoire ecclésiastique*, t. XIV, p. 176.

3. *Histoire littéraire de la France*, t. X, p. 310.

4. Lebeuf, *De l'état des sciences en France depuis la mort du
roi Robert*, p. 11.

5. Chomel, *Essai historique sur la médecine en France*, p. 66.

6. Lebeuf, *Histoire de la ville et du diocèse de Paris*, t. 1er, p. 552.

nécrologe de l'abbaye, qui est très-détaillé à cet
égard, et enregistre avec soin les différentes donations dues à des religieux ou à des amis de l'établissement. Il y eut même longtemps à Saint-
Victor des copistes, payés avec les fonds du couvent, et qui contribuèrent pour une large part à
la renommée qu'acquit cette bibliothèque [1].

Le nécrologe de Saint-Victor est aujourd'hui
conservé à la Bibliothèque impériale; c'est un
beau volume in-folio, sur vélin, qui porte le
numéro 15 dans le fonds de Saint-Victor [2]. Il
n'existe pas d'autre guide pour l'histoire de la
bibliothèque jusqu'au seizième siècle; aussi les
écrivains qui ne l'ont pas consulté sont-ils tom-
bés dans d'étranges erreurs : Legallois, par exemple, prétend que les religieux de Saint-Victor
n'eurent une bibliothèque qu'à partir de François Ier [3].

---

1. *Nec tantùm canonici nostri aut scriptores conductitii
bibliothecam nostram libris auxerunt, sed etiam varii viri illustres in consortium nostrum admissi, aut alii erga nos bene
affecti plures codices manuscriptos variis temporibus nobis lar-
giti sunt, quorum beneficio excrevit et illustrata est bibliotheca
Victorina.* Jean de Thoulouze, *Antiquitatum regalis abbatiæ
Sancti-Victoris libri duodecim.* Bibliothèque impériale, *manuscrits*,
fonds de Saint-Victor, n° 1039 ; t. II, p. 181.

2. Une très-belle copie de ce document, également sur vélin et
in-folio, est inscrite dans le même fonds sous le numéro 988.

3. Legallois, *Traité des plus belles bibliothèques de l'Europe*,
p. 131.

Une grande difficulté se présente d'ailleurs quand on veut écrire l'histoire des anciennes abbayes d'après leur nécrologe. Les religieux y étaient inscrits au jour de leur mort, sans aucune indication d'année, et, en général, sous leurs prénoms seulement : il s'agit donc d'abord de se reconnaître au milieu de tant de prénoms semblables ; ensuite, et c'est là le plus embarrassant, d'assigner une date à chaque personnage. On verra qu'il nous a été parfois impossible d'y parvenir.

La plus ancienne donation que nous ayons trouvée remonte au commencement du douzième siècle. Le nécrologe constate, le 22 septembre, que Thibaud, archidiacre de Notre-Dame, qui avait réuni avec beaucoup de soin tous les éléments d'une Bible complète, légua à l'abbaye différents livres de l'Ancien et du Nouveau Testament [1] ; or, d'après une histoire manuscrite de Saint-Victor, qui est conservée à la Bibliothèque Mazarine, ce Thibaud, contemporain de Gilduin, mourut en 1133 [2].

---

1. *Anniversarium solemne Theobaldi, archidyaconi Parisiensis ecclesie, et nostri canonici, qui bibliothecam quam sibi magna diligentia paraverat, libros scilicet veteris ac novi testamenti, nobis reliquit.* — *Necrologium Sancti-Victoris,* X kalendas octobris. — La mort de ce Thibaud est également mentionnée dans l'obituaire de Notre-Dame de Paris, mais le IX des calendes d'octobre.

2. *Histoire de l'abbaye de Saint-Victor de Paris,* Bibliothèque Mazarine, manuscrits, n° 2873 ; lib. III, p. 22.

Sept ans après, en 1140, Étienne de Senlis, soixante-septième évêque de Paris, laissa aussi d'excellents livres à la Maison de Saint-Victor [1], où il voulut être enterré. Son épitaphe, qui se trouvait dans le chœur même de l'église, mentionnait ainsi cette donation :

Hic jacet inter oves Stephanus, qui Parisiensis
    Extitit Ecclesiæ pastor, et hujus ovis [2].
Hanc inopem, parvamque, novamque pius Pater auxit,
    Extulit, ornavit rebus, honore, libris [3].

. . . .

Le nécrologe de l'abbaye constate, à la date du 19 février, que le médecin Obizon légua aux religieux des livres de l'Ancien et du Nouveau Testament avec commentaires et en bon état [4]. Cet

---

1. *Anniversarium pie recordationis domini Stephani, Parisiensis episcopi...; libros optimos, quos sibi paraverat, moriens nobis dereliquit.* — *Necrologium Sancti-Victoris,* IV kalendas augusti. — Pour les évêques de Paris, la date est toujours facile à déterminer : le *petit pastoral* de Notre-Dame en contient une chronologie assez exacte, qui a été reproduite par Dubreuil dans son *Theatre des antiquitez de Paris,* p. 53, et complétée par les auteurs du *Gallia christiana,* t. VII, p. 4.

2. Étienne de Senlis renonça à l'évêché pour se faire religieux de Saint-Victor.

3. Dubreuil, *Theatre des antiquitez de Paris,* p. 323.

4. *Anniversarium solemne Obizonis medici, nostri canonici, qui ob perennem sui in oratione memoriam, dedit nobis libros novi et veteris testamenti, glosatos et bene paratos.* — *Necrologium Sancti-Victoris,* XI kalendas marcij.

Obizon, qui n'a d'article ni dans la *Biographie universelle*, ni dans la *Nouvelle Biographie générale*, fut premier médecin de Louis le Gros [1], il se retira ensuite à Saint-Victor [2], et mourut au milieu du douzième siècle [3].

Le 3 août 1182 [4], Arnoul, quinzième évêque de Lisieux, laissa encore plusieurs volumes au couvent [5].

Nous rencontrons ensuite trois personnages auxquels nous n'avons pu assigner une date rigoureuse, mais dont nous savons que la mort remonte à la fin du douzième siècle. Ce sont : le diacre Jacques, dont l'abbaye eut plusieurs volumes,

---

1. Riolan, *Curieuses recherches sur les escholes en médecine*, p. 91.

2. G. Naudé, *De antiquitate et dignitate scholæ medicæ Parisiensis*, p. 33. L'épitaphe d'Obizon est reproduite dans le même ouvrage, p. 175.

3. Hazon, *Notice des hommes les plus célèbres de la Faculté de médecine de Paris*, p. 7. — Chomel, *Essai historique sur la médecine en France*, p. 257.

4. La date nous est fournie par le *Glossarium mediæ et infimæ latinitatis* de Ducange, t. VII, p. 372. Nous citons toujours l'édition de Didot, 1848, 7 vol. in-4. Suivant le *Gallia christiana*, t. XI, p. 774, Arnoul mourut en 1181.

5. *Anniversarium solemne patris nostri pie recordationis Arnulphi, Lexoviensis episcopi, qui dedit nobis, in quibusdam vasis argenteis et libris quibusdam legalibus, centum libras parisienses, ad emendos redditus. Preterea meliorum quorumdam librorum legalium sex volumina et alios diversi generis libros, ad retinendum in armario nobis dedit. — Necrologium Sancti-Victoris, II kalendas septembris.*

dont les quatre Évangiles commentés [1]; le chanoine Jean Lombard, mort le 31 janvier, laissa
à la bibliothèque le Pentateuque, des gloses sur
l'Ancien et le Nouveau Testament, et quelques
autres ouvrages [2]. Enfin le chanoine François
d'Ast, descendant de la célèbre famille de ce nom,
fit de grandes libéralités à Saint-Victor; le nécrologe constate qu'il lui légua, entre autres objets,
des livres de droit canonique et de droit civil [3].

Le treizième siècle s'ouvre avec le chanoine
Adam de Montereau qui, vers 1203 [4], donne au
couvent une Bible estimée quatorze livres [5]. En

1. *Obiit magister Jacobus, dyaconus, noster canonicus, de cujus beneficio habuimus IIIJ⁰ʳ Evangelistas bene glosatos, et quosdam alios libros.* — *Necrologium Sancti-Victoris,* XI kalendas aprilis. — La date nous est fournie par *l'Histoire manuscrite de Saint-Victor,* lib. II, p. 228.

2. *Anniversarium magistri Joannis Lombardi, nostri canonici, de cujus beneficio habuimus Pentatheucum bene glosatum, et Glossas super Vetus et Novum Testamentum, et quosdam alios libros.* — *Necrologium Sancti-Victoris,* XI kalendas februarij.— *Histoire manuscrite de Saint-Victor,* lib. II, p. 228.

3. *Anniversarium solemne fratris Francisci de Ast, canonici nostri, a quo habuimus libros juris canonici et civilis.* — *Necrologium Sancti-Victoris,* IJ nonas marcij. — *Histoire manuscrite de Saint-Victor,* lib. II. p. 227.

4. Il figure dans deux chartes de cette époque, qui font partie du *Cartulaire de l'évêque de Paris.*

5. *Anniversarium magistri Ade de Monsterolio, canonici nostri ad succurrendum, qui dedit nobis Bibliothecam valentem XIIIJ libras.* — *Necrologium Sancti-Victoris,* I idibus januarij.

1205 ou 1206 [1], l'abbaye acquiert encore vingt volumes par le legs de Pierre de Poitiers, chancelier de l'Église de Paris [2].

Nous voyons figurer ensuite, parmi les bienfaiteurs de l'abbaye, un homme que nous avons mentionné au même titre dans nos recherches sur la bibliothèque de Notre-Dame [3], c'est l'évêque de Paris, Pierre de Cambe ou de Nemours; nous avons dit comment, avant de partir pour la Terre sainte, il partagea ses biens entre différents établissements religieux : Saint-Victor eut sa grande Bible, qui valait dix-sept livres [4].

Vers 1219, un Anglais nommé Gervais [5], qui

---

1. *Histoire manuscrite de Saint-Victor*, lib. III, p. 48.

2. *Commemoratio parentum et benefactorum fratris Petri Pictavensis, de cujus beneficio habuimus viginti volumina librorum.* — *Necrologium Sancti-Victoris*, V nonas octobris. — Il est également inscrit sur le *Nécrologe de Notre-Dame*, mais le 3 des nones de septembre.

3. Voyez page 13.

4. *Anniversarium solemne pie memorie venerabilis patris nostri domni Petri, Parisiensis Episcopi, de cujus beneficio habuimus Bibliothecam XVIII librarum.*—*Necrologium Sancti-Victoris*, I idibus decembris. — Son testament, extrait du *Grand pastoral* de Notre-Dame, est reproduit en entier dans le *Gallia christiana*, t. VII, *instrumenta*, p. 89; on y lit... *Legamus ecclesie Sancti Victoris infulam, dalmaticam et tunicam rubeas, et bibliothecam magnam...* — Voyez aussi G. Dubois, *Historia Ecclesie Parisiensis*, t. II, p. 265.

5. La date est très-difficile à établir. Nous connaissons parmi les religieux du dixième au treizième siècle, sept Anglais du nom de

paraît avoir fort aimé les livres, donna à l'abbaye une Bible complète, sauf les Paralipomènes, puis les *Sentences* de Pierre Lombard, et l'*Histoire ecclésiastique* de Pierre Comestor [1]. Quelques années après, nouvelle donation d'ouvrages estimés soixante-dix livres faite par le chanoine Gilles, oncle de Jean d'Abbeville ou Jean Halgrin, qui mourut cardinal en 1236 [2]. Un ancien doyen de Senlis, Robert de Deuil (*Robertus de Diogilo*) laissa aussi au couvent, en 1245 [3], une Bible complète [4].

Gervais qui vécurent en France; nous croyons cependant ne pas nous tromper en regardant celui qui est désigné ici, comme étant Gervasius Melkeleius, qui fut quelque temps chanoine de Saint-Victor. *Voyez* Ducange, *Glossarium*, t. VII, p. 386.

1. Sur ces deux ouvrages, voyez A.-F., *Recherches sur la bibliothèque de l'église Notre-Dame de Paris au treizième siècle*, p. 36 à 38. — *Anniversarium magistri Gervasij englici, qui dedit nobis omnes libros Veteris et Novi Testamenti glosatos, excepto libro Paralipomenon. Dedit etiam nobis Sententias magistri Petri, et Hystorias scolasticas.* — *Necrologium Sancti-Victoris*, XIIIJ kalendas octobris.

2. *Anniversarium patris et matris fratris Joannis de Abbatis Villa, canonici nostri, et avunculi sui fratris Ægidij, quondam abbatis Sancti Valerici supra mare; qui dedit nobis, pro animabus eorum, et pro anima sua, libros valentes LXX libras parisienses.*—*Necrologium Sancti-Victoris*, IV Idibus julij.—*Histoire manuscrite de Saint-Victor*, lib. III, p. 20.

3. *Gallia christiana*, t. X, p. 1458.

4. *Anniversarium solemne magistri Roberti de Diogilo, fratris nostri, quondam decani Silvanectensis, de cujus beneficio habuimus bibliothecam ad opus conventus.* — *Necrologium Sancti-Victoris*, XIIIJ kalendas julij.

Le règne de saint Louis nous fournit deux autres
libéralités de la même espèce. La première n'est
pas mentionnée dans le nécrologe, elle est due à
la reine Blanche, mère du roi, qui donna à l'abbaye une Bible in-folio; nous avons trouvé ce
volume à la Bibliothèque impériale, dans le fonds
de Saint-Victor, et en tête existe une note qui
indique son origine [1]. A la même époque, un
évêque nommé Hugues, qui était resté longtemps
auprès de saint Louis, laissa au couvent vingt-cinq
livres parisis destinées à l'achat de revenus pour
la Maison et de volumes pour la bibliothèque [2].
En 1281, Gaurin ou Guérin, petit-fils de Girard, autrefois doyen de Beauvais, puis chanoine de Saint-
Victor, légua des volumes valant quarante livres
parisis [3]. Deux ans après, le chanoine Girard de

---

1. Bibliothèque impériale, *manuscrits*, fonds de Saint-Victor,
nº 303 *bis*.

2. *Anniversarium D. Hugonis, quondam Apprensis episcopi,
qui longo tempore mansit apud Parisius in domo regis; hic
dedit nobis XXV libras parisienses ad emendos libros et redditus.* — *Necrologium Sancti-Victoris,* 1 idibus octobris. — Jean de
Thoulouze, *Antiquitatum abbatiæ Sancti-Victoris libri XII,* t. Iᵉʳ,
p. 107.

3. *Anniversarium magistri Garini, quondam canonici de
Nigella, nepotis fratris Gerardi, quondam decani Belvacensis,
qui dedit nobis libros valentes XL libras parisienses.* — *Necrologium Sancti-Victoris,* IJ nonas octobris. — Nous avons trouvé la
mention suivante à la fin d'un manuscrit du commentaire de Pierre
Lombard sur les psaumes : *Hic liber est Sancti Victoris Parisien-*

Granville, qui avait aussi été doyen de Beauvais, donna plusieurs volumes à la bibliothèque [1]. Elle acquit encore une bonne Bible de Benoît de Moret, chanoine de Nevers et de Saint-Spire de Corbeil, qui mourut le 1er mars 1293 [2]: mais la donation avait été faite de son vivant [3]. Il faut reporter à la même date un legs d'ouvrages estimés quinze livres, et provenant de Thibaut de Corbeil, sous-chantre de Notre-Dame [4]. Enfin, un neveu du pape Grégoire IX, Adenulfe d'Anagni, successivement chanoine de la cathédrale, prévôt de Saint-Omer, puis évêque de Paris, résigna cette dignité pour se retirer à Saint-Victor [5], où il

---

sis ...'quem dedit nobis magister Guerinus, nepos fratris Girardi, quondam decani Belvacensis, canonici nostri. Qui obiit anno Christi 1281, sepultus in claustro Sancti Victoris Parisiensis ante Capitulum.

1 Anniversarium magistri Girardi de Grandivilla, quondam decani Belvacensis, qui dedit nobis plures libros. — Necrologium Sancti-Victoris, VIIJ kalendas marcij. - La date de 1283 est écrite en marge sur le nécrologe.

2. Histoire manuscrite de Saint-Victor, lib. III, p. 52.

3. Anniversarium magistri Benedicti de Moreto, canonici Nivernensis et Sancti Exuperij de Corbolio, qui dedit nobis, dum adhuc viveret, Bibliothecam bonam ad opus conventus. — Necrologium Sancti-Victoris, 1 kalendis marcij.

4. Anniversarium magistri Theobaldi de Corbolio, quondam succentoris ecclesie Beate Marie Parisiensis, de cujus beneficio habuimus libros valentes XV libras parisienses. — Necrologium Sancti-Victoris, XVIJ kalendas junij. — Ce Thibaut est inscrit aussi sur le nécrologe de Notre-Dame de Paris, mais le 7 des ides de juillet.

5. Il fit aussi partie de la Maison de Sorbonne, où il figure

mourut le 2 avril 1290 [1] ; l'abbaye lui dut, outre
de curieuses reliques, un certain nombre de
volumes qui, dit le nécrologe, comprenaient
presque tout l'Ancien et le Nouveau Testament [2]. Mais le nécrologe ici n'est pas complet.
Parmi les livres donnés par Adenulfe figuraient
en outre : la glose d'Albert le Grand sur la Sagesse
et les psaumes [3], un commentaire sur les Sentences de Pierre Lombard [4], et un précieux volume
renfermant des concordances sur la Bible [5]. De

---

du vivant même du fondateur. Voyez à la Bibliothèque impériale,
fonds de la Sorbonne, n° 1247, le manuscrit intitulé : *Robertus de
Sorbona, doctor derotus, primus prorisor*, par Cl. Héméré.

1. *Gallia christiana*, t. VII, p. 680.

2. *Anniversarium solemne pie memorie venerabilis magistri
Adenulphi, quondam prepositi Sancti Audomari, electi episcopi
Parisiensis Ecclesie, qui dum adhuc vireret dedit nobis libros
optimos, quos sibi summo studio pararerat, fere super totum
Vetus et Novum testamentum. — Necrologium Sancti-Victoris,*
IIIJ nonas aprilis.—Il est inscrit sur le nécrologe de Notre-Dame le
7 des calendes d'avril

3. Deux volumes in-folio ; Bibliothèque impériale, *manuscrits*,
fonds de Saint-Victor, n° 160. On lit au verso du premier feuillet :
*Istum librum dedit monasterio Sancti Victoris, pater bonœ
memoriœ magister Adenulphus de Anagnia, quondam prœpositus Sancti Audomari....*

4. Deux volumes in-folio ; Bibliothèque impériale, *manuscrits*,
fonds de Saint-Victor, n° 54. On lit à la fin : *Adenulphus de Anania
dedit ecclesiœ Sancti Victoris Parisiensis.*

5 In-folio ; Bibliothèque Mazarine, *manuscrits*, n° 129. On lit à
la fin : *Istum librum dedit monasterio Sancti Victoris pater bone
memorie magister Adenulphus de Anania, quondam prœpositus*

ces ouvrages, les deux premiers sont aujourd'hui
à la Bibliothèque impériale, et le troisième à la
Bibliothèque Mazarine.

De 1290, nous passons sans transition à l'année
1336, où le couvent acquiert une magnifique Bible
en français, du prix de cent vingt francs; elle lui
fut donnée par Pierre de Villenay, qui figure, en
décembre 1336, avec le titre d'archidiacre, dans
une charte du *Petit Pastoral* de Notre-Dame[1].
Plus de quarante ans après, un chanoine de Paris,
nommé Jean Beauce, qui devint grand-vicaire
sous le règne de Charles V[2], laissa encore au
couvent quelques volumes[3].

Nous rencontrons ensuite parmi les bienfaiteurs
de l'abbaye Jean Auchier[4], procureur au Parlement de Paris; il mourut le 18 février 1389[5], et la
Bibliothèque de Saint-Victor lui dut une bonne
Bible estimée vingt-deux francs[6], et qui est con-

---

*Sancti Audomari…. ea conditione quod abbas et conventus non
possint illum alienare vel vendere.*

1. *Anniversarium solemne Petri de Villenay, et Marie uxoris
ejus, de quorum beneficio habuimus unam optimam Bibliam in
gallico, precij sex viginti francorum. — Necrologium Sancti-
Victoris, VIJ idibus novembris.*

2. *Histoire manuscrite de Saint-Victor,* lib. III, p. 33.

3. *Obiit Joannes Beauce qui dedit nobis libros. — Necrologium Sancti-Victoris, XI kalendas januarij.*

4. C'est par erreur que le nécrologe écrit *Aucher.*

5. *Histoire manuscrite de Saint-Victor,* lib. III, p. 69.

6. *Anniversarium solemne magistri Joannis Aucher, quon-*

2

servée aujourd'hui à la Bibliothèque impériale [1]. Enfin, un conseiller au Parlement [2], nommé Jean Pastourel ou Pastoureau, qui mourut le 18 novembre 1395 [3], donna au couvent, en 1392, plusieurs ouvrages, parmi lesquels figurent le *Repertorium morale* de Pierre Berchoire, en six volumes in-folio, et un bréviaire à l'usage de Saint-Victor, qu'il avait fait transcrire à ses frais [4].

Voici maintenant la liste complète des autres donations mentionnées dans le nécrologe de Saint-Victor, et auxquelles il nous a été impossible d'assigner une date, mais qui nous paraissent toutes antérieures au quinzième siècle :

---

dam procuratoris regis in suo Parlamento, qui dedit nobis, in fine suo, unam bonam Bibliam, valentem XXXII francos. — *Necrologium Sancti-Victoris,* XIJ kalendas marcij.

1. *Biblia sacra cum interpretationibus hebraïcorum nominum,* in-folio, sur vélin. On lit à la fin du volume : *Hæc Byblia, precii triginta francorum, est ecclesiæ Sancti Victoris Parisiensis, quam legavit eidem ecclesiæ magister Johannes Auchler.* Bibliothèque impériale, *manuscrits,* fonds de Saint-Victor, n° 368.

2. *Gallia christiana,* t. VII, p 684.

3. Jean de Thoulouze, *Antiquitatum regalis abbatiæ Sancti-Victoris libri XII,* t. I", p. 130.

4. Ces deux ouvrages sont aujourd'hui à la Bibliothèque impériale. Une note placée à la fin du premier indique qu'il fut donné au couvent de Saint-Victor le jour de la fête de saint Michel, année 1392, par Jean Pastorelli, conseiller du roi. (Fonds de Saint-Victor, n° 183.) — On lit sur le second : *Brevarium ad usum ecclesiæ Sancti Victoris, scriptum expensis Joan. Pastorelli,* 1392. (Fonds de Saint-Victor, n° 329.)

XJ KALENDAS FEBRUARIJ.

Anniversarium solemne magistri Johannis Daim, hujus ecclesiæ specialis amici et nostri canonici ad succurrendum, qui apud nos moriens, dedit nobis Bibliotecam bonam et bene paratam, valentem XX libras.

Item, anniversarium magistri Hugonis Picardi, de cujus beneficio habuimus libros Augustini et Richardi [1], valentes XIIIJ libras parisienses.

XIIJ KALENDAS FEBRUARIJ.

Anniversarium magistri Iohannis de Canteu, canonici Morinensis, de cujus beneficio habuimus libros valentes XIV libras parisienses.

IIIJ NONAS FEBRUARIJ.

Anniversarium magistri Iohannis Aurelianensis [2], dicti de Porterello, de cujus beneficio habuimus X libras parisienses et unam Bibliothecam valentem XIJ libras parisienses, ad usum conventus.

---

1. Donation évidemment postérieure à 1173, époque de la mort de Richard de Saint-Victor, dont il est question ici. On ne peut donc l'attribuer à Hugues d'Amiens, archevêque de Rouen, car il mourut en novembre 1151.

2. Il y a eu un Jean d'Orléans, chanoine de Paris, qui mourut en 1200, mais qui figure sur le nécrologe de Notre-Dame le 5 des calendes de mai. — On trouve un autre Jean, évêque d'Orléans, dans une charte de 1108 du cartulaire de l'évêque de Paris.

IIJ NONAS FEBRUARIJ.

Obiit magister Brocardus, canonicus de Augusta, de quo habuimus Ysaiam glosatum.

IDIBUS FEBRUARIJ.

Commemoratio solemnis domini Iohannis Marine, necnon parentum et omnium amicorum et benefactorum ipsius, de cujus beneficio habuimus in pecunia, libris, domibus, terris et vineis usque ad valorem quadringentarum librarum et amplius.

XVJ KALENDAS MARCIJ.

Anniversarium solemne venerabilis viri domini Jacobi, dicti de Castanea de Tornaco, professoris legum et archidyaconi Leodyensis, de cujus beneficio habuimus totum Corpus librorum legalium, cum Summa Azonis [1], quorum pretium erat estimatio LX librarum parisiensium.

VIJ KALENDAS MARCIJ.

Anniversarium solemne magistri Iohannis de Ravigniaco, regis consiliarii in suo Parlamento, et in pluribus ecclesiis beneficiati; in fine suo, unum optimum librum Decretorum nobis legavit.

---

1. Le jurisconsulte Azon mourut en 1200.

V KALENDAS MARCIJ.

Anniversarium solemne bone memorie magistri Stephani de Sancto Petro subtus Virliacum, fratris nostri, de cujus beneficio habuimus libros nonnullos.

VIIJ IDUS MARCIJ.

Anniversarium magistri Iohannis Rousse, doctoris in theologia, qui nobis dedit libros.

IDIBUS APRILIS.

Obiit magister Bertoldus, de cujus beneficio habuimus Bibliotecam et Hystorias scolasticas [1].

XVIIJ KALENDAS MAIJ.

Anniversarium fratris Ade de Ysiaco, sacerdotis, et fratris Reginaldi de Lyricantu, quondam hujus ecclesie suppriqris, pro quibus habuimus quosdam libros.

XJ KALENDAS MAIJ.

Anniversarium magistri Symonis de Vincellis, de cujus beneficio habuimus quasdam Decretales [2] *valentes IX libras parisienses.*

V NONAS MAIJ.

Anniversarium domini Bertoldi, archidiaconi

---

1. Ouvrage de Pierre Comestor, qui mourut en 1180.
2. Grégoire IX mourut en 1241.

*Herbipolensis, de cujus beneficio habuimus XX*ti *volumina librorum, quos omnes dedit ad usum scolarium.*

VJ IDUS MAIJ.

Anniversarium magistri Arnulphi Le Bescoche, canonici Silvanectensis, doctoris in theologia, quondam magistri nostri, qui dedit Psalterium Lumbardi [1]*, valens decem libras.*

NONIS JUNIJ.

Commemoratio solemnis domini Iohannis Marine, de cujus beneficio habuimus quosdam libros.

VJ IDIBUS JUNIJ.

Obiit Thomas de Bosco [2]*; qui dedit nobis IIIJ*or *libras, et libros naturales.*

IDIBUS JUNIJ.

Obiit magister Rogerus Carnotensis, noster canonicus, de cujus beneficio habuimus Hystorias scolasticas.

NONIS JULIJ.

Anniversarium solemne magistri Reginaldi de

---

1. Les psaumes avec le célèbre commentaire de Pierre Lombard, qui mourut en 1164.

2. Un Thomas Dubois, chanoine de Chartres, figure dans une charte de 1150 publiée par le *Gallia christiana*, t. VII, *instrum.*, p. 400.

*Monte Beligardo, fratris nostri, ac parentum suo-
rum, de cujus beneficio habuimus libros utriusque
juris canonici et civilis.*

IX KALENDAS AUGUSTI.

*Obiit Reimbaldus, clericus, qui dedit nobis
Bibliothecam valentem VIJ libras.*

KALENDAS AUGUSTI.

*Anniversarium magistri Petri de Valencia, qui
dedit nobis libros valentes XXX libras.*

NONIS SEPTEMBRIS.

*Anniversarium Volmari, clerici, qui dedit nobis
Psalterium Lombardi et Epistolas Pauli.*

IJ IDUS SEPTEMBRIS.

*Obiit magister Hugo [1], canonicus ad succur-
rendum, qui dedit nobis Sentencias magistri
Petri.*

XIIJ KALENDAS OCTOBRIS.

*Obiit magister Adam [2], qui dedit nobis Psalte-
rium glosatum, et Decreta Graciani [3].*

---

1. Nous avons compté, dans le nécrologe de Saint-Victor, seize chanoines nommés Hugues, qu'aucune désignation spéciale ne peut faire distinguer les uns des autres.
2. Ce n'est pas le fameux Adam de Saint-Victor, car il mourut en juillet.
3. Le *Decretum* de Gratien fut composé vers 1151.

X KALENDAS OCTOBRIS.

Anniversarium magistri Anselmi, qui dedi nobis Decreta Graciani.

IIIJ NONAS OCTOBRIS.

Anniversarium Onulfi, dyaconi, canonici nostri ad succurrendum, qui dedit nobis Sentencias, Psalterium, et Epistolas Pauli, de glossatura magistri Petri Lumbardi.

IJ NONAS OCTOBRIS.

Obiit magister Ricardus [1], qui dedit nobis Epistolas Pauli glosatas.

XVIJ KALENDAS NOVEMBRIS.

Obiit magister Philippus de Bosco Communi [2], canonicus Laudunensis et noster, qui dedit nobis Bibliothecam optimam ad opus conventus.

VIJ KALENDAS NOVEMBRIS.

Anniversarium solemne domini Iohannis Marine [3], quondam capicerii S. Opportunæ, qui dedit nobis libros.

---

1. Le célébre Richard de Saint-Victor mourut en 1173; mais ce n'est certainement pas de lui qu'il est question ici.

2. Cité dans l'*Histoire manuscrite de Saint-Victor*, lib. III, p. 31, qui n'indique pas la date de sa mort.

3. L'*Histoire manuscrite de Saint-Victor* donne quelques détails sur lui, lib. III, p. 51 et 52; mais elle a négligé d'enregistrer l'année de sa mort.

IJ NONAS NOVEMBRIS.

Obiit magister Radulphus [1], *de cujus beneficio habuimus Decreta Graciani.*

XVIJ KALENDAS DECEMBRIS.

Anniversarium Petri, clerici Lugdunensis, et Benedicti, fratris ejus, de quorum beneficio habuimus Bibliothecam bonam.

XIIJ KALENDAS DECEMBRIS.

Obiit Assaldus, clericus, de cujus beneficio habuimus Decreta Graciani.

VIJ KALENDAS DECEMBRIS.

Anniversarium solemne domini Iohannis, quondam episcopi Ostiensis, et magistri Iohannis de Crepone, de quorum beneficio habuimus libros [2].

XIX KALENDAS JANUARIJ.

Anniversarium magistri Nicholai, Ecclesiæ Mel-

---

1. C'est le nom du onzième abbé de Saint-Victor, qui mourut en 1248; mais il devrait figurer sur l'obituaire le 6 des ides de novembre. Voyez le *Gallia christiana*, t. VII, p. 677.—Sur un grand nombre d'anciens manuscrits provenant de Saint-Victor, on lit : *Istum librum dedit nobis frater Petrus de Castro Radulfi.*

2. Un de ces volumes est aujourd'hui à la Bibliothèque Mazarine. On lit à la fin : *Hunc librum dederunt nobis executores deffuncti magistri Johannis de Crepone, quondam decretorum doctoris, de bor!s ipsius deffuncti; tali conditione quod nunquam vendatur aut alienatur.* Bibliothèque Mazarine, *manuscrits*, n° J 18.

densis canonici [1], *de cujus beneficio habuimus quinquaginta libras, et Decreta Graciani.*

XVIIJ KALENDAS JANUARIJ.

Obiit Gillebertus, clericus de Cruncio, qui dedit nobis XIJ Prophetas.

IX KALENDAS JANUARIJ.

Anniversarium domini Bonifacij, legum professoris, qui dedit nobis Bibliotecam bonam, ad usum conventus.

VIIJ KALENDAS JANUARIJ.

Obiit Hylarius, clericus, canonicus ad succurrendum, de cujus beneficio habuimus Psalterium glosatum.

Nous ajouterons à cette liste la mention suivante que nous avons trouvée sur deux manuscrits du treizième siècle provenant de Saint-Victor : *Ex legato bone memorie deffuncti magistri Petri de Brena, quondam doctoris in decretis* [2].

L'abbé Lamasse, trentième abbé de Saint-Victor, qui mourut en mai 1458 [3], contribua puissamment

---

1. Peut-être Nicolas Grenier, chanoine de Meaux, qui mourut le 6 janvier 1570. Voyez le *Gallia christiana*, t. VII, p. 695.
2. Bibliothèque Mazarine, *manuscrits*, nᵒˢ T 110, et J 450.
3. *Gallia christiana*, t. VII, p. 685.

à enrichir cette collection [1], « comme tesmoignent, dit Dubreuil, les liures qu'il a achetez de son temps, et mis en la librairie [2]; » nous avons trouvé en effet, sur plusieurs manuscrits anciens, provenant de Saint-Victor, la note suivante : *Hunc librum acquisiuit monasterio Sancti Victoris prope Parisius frater Iohannes Lamasse* [3]. Enfin, l'imprimerie fut de bonne heure représentée dans la bibliothèque du couvent ; car le nécrologe nous apprend que, vers le milieu du quinzième siècle, P. Schœfer, Conrad Henlif et Jean Fust cédèrent à l'abbaye, moyennant douze écus d'or, un exemplaire sur vélin des *Lettres* de saint Jérôme qui venaient d'être publiées par eux [4].

La bibliothèque paraît avoir occupé, jusqu'à cette époque, une salle attenant au cloître, et située entre l'église et le dortoir. Vers 1501, ce bâtiment tombait en ruine, et l'abbé Nicaise

---

1. *Histoire manuscrite de Saint-Victor*, lib. III, p. 64.
2. Dubreuil, *Theatre des antiquitez de Paris*, p. 319.
3. Voyez, entre autres, à la Bibliothèque Mazarine, les manuscrits cotés T. 1061, et P 483.
4. *Anniversarium honorabilium virorum Petri Scofer et Conrardi Henlif, ac Johannis Fust, civium de Moguntia, impressorum librorum, qui dederunt nobis Epistolas Beati Jhieronimi, impressas in pergameno, excepta tamen summa duodecim sculorum auri, quam prefati impressores receperunt per manus domini Johannis, abbatis hujus ecclesie.* — *Necrologium Sancti-Victoris*, iij kaléndas novembris.

Delorme (*Nicasius de Ulmo*) entreprit de le rele- ver [1]. Grâce à l'activité et au zèle du chanoine Guillaume Tupin ou Turpin [2], la nouvelle con- struction se trouva terminée en 1508 [3]. Delorme s'occupa aussitôt d'y installer les livres, puis Claude de Grandrue (*Claudius de Grandivico*) fut chargé de les classer par noms d'auteur sur des pupitres disposés à cet effet, de les y attacher avec des chaînes de fer, et d'en dresser le catalogue [4]. Une note placée en tête de ce travail nous apprend que Claude de Grandrue, le premier bibliothécaire réel de Saint-Victor, était entré au couvent en 1480, et avait été fait prêtre huit ans plus tard; il

---

1. *Sed cùm post tria sæcula ædificia vetustate corruerent, Nicasius de l'Orme, 33ᵘˢ abbas noster, veterem bibliothecam in novum transtulit ædificium, sua cura extructum.* Jean de Thou- louze, *Antiquitatum abbatiæ Sancti-Victoris libri XII*, t. II, p. 180.

2. Jean de Thoulouze, *Antiquitatum abbatiæ Sancti-Victoris libri XII*, t. I, p. 319.

3. *Eodem anno 1508 ædificata est nova libraria in domo nos- tra Sancti Victoris, et sacristia sub ea, et quasi totus ille locus renovatus est totaliter, expensis ecclesiæ.* Jean de Thoulouze, *Anti- quitatum abbatiæ Sancti-Victoris libri XII*, t. II, p. 185. — *Anno 1509, vetus libraria pulchrior et ornatior exculta fuit bi- bliotheca in qua postmodum dispositi sunt codices manuscripti.* Le Tonnelier, *Annales ecclesiæ Sancti-Victoris Parisiensis*, p. 89. Bibliothèque Impériale, *manuscrits*, fonds Saint-Victor, n° 1005.

4. *Libros manuscriptos super pulpitis cum catenis constrictos, trino alphabetico per fratrem Claudium de Grandivico distingui et ordinari curavit.* J. de Thoulouze, *Antiquitatum Sancti-Vic- toris libri XII*, t. II, p. 180.

se voua tout entier, nous dit-on, au classement de la bibliothèque et à la rédaction d'un double catalogue, alphabétique et méthodique [1]. Tous deux existent encore. Le premier est conservé à la Bibliothèque Mazarine; c'est un in-quarto sur papier qui porte le numéro 1358, et qui a pour titre : *Index nouus eorum que in bibliotheca cenobij Sancti Uictoris continentur, a fratre Claudio collectus; auxiliante Deo feliciter incipit.* On lit à la fin : *Amen. Deo gratias. Scriptor qui scripsit cum Christo viuere possit, frater Claudius de Grandj rico est huius librj indicialis accuratissimus author.—Completus Anno Domini 1513 vj idus junij.* Enfin, sur la feuille de garde, une main plus moderne a écrit une longue note latine relative à

---

1. *Claudius de Grandiuico, Parisinus, inter canonicos Sancti Victoris scriptus anno 1480, Germano Le Moyne tunc abbate, sacerdos ordinatus sub eius successore abbate Nicasio de Lorme anno 1588. Se totum Bibliothecæ manuscriptæ recensendæ et ordinandæ dedit, in singulis codicibus primùm indices singulari studio conscripsit. Deinde cùm abbas Nicasius de Lorme, curante Guillelmo Turpin camerario, nouum ædificium Bibliothecæ manuscriptæ reponendæ a fundamentis extrui fecisset, ipse de Grandiuico libros super pulpita ordinauit, et catalogos, hunc scilicet alphabeticum et alterum typographicum, confecit. Tum denique ad calcem catalogi typographici libros qui ex antiquis inuentarijs deficere videbantur, et tractatus qui ex varijs voluminibus auulsi fuerant notauit.—Index eorum que in bibliotheca Sancti Victoris continentur, etc.* Bibliothèque Mazarine, manuscrits, n° 1358.

l'histoire de la bibliothèque, et dont nous avons déjà cité quelques extraits [1]. Le catalogue méthodique est à la Bibliothèque impériale dans le fonds de Saint-Victor, sous le numéro 1122 ; il est de format in-quarto, moitié papier, moitié vélin, et est intitulé : *Catalogus typographicus bibliothecæ manuscriptæ Sti Victoris, a Claudio de Grandiuico canonico eiusdem abbatiæ ordinatus, anno 1514.* La feuille de garde renferme la même mention que le volume précédent, avec quelques variantes pourtant dans le texte. Ce sont évidemment là les originaux des deux catalogues dressés par Claude de Grandrue; une copie, relativement récente, du premier est conservée à la Bibliothèque impériale [2], le titre est le même que celui de l'original.

Nicaise Delorme mourut en janvier 1516 [3], et Claude de Grandrue à la fin de décembre 1520 [4]. L'abbaye, qui avait pris alors un développement

---

1. Sur ce catalogue, voyez l'*Appendice* à la fin du volume.

2. Fonds de Saint-Victor, n° 1123 ; auparavant dans l'ancien fonds français, n° 10284. — Comment M. P. Lacroix a-t-il pu prendre cette copie pour l'original? (Voyez son *Catalogue de la bibliothèque de l'abbaye de Saint-Victor au* XVI° *siècle*, p. 8.) L'examen seul de l'écriture eût dû le détromper.

3. *Gallia christiana*, t. VII, p. 687.

4. *Necrologium Sancti-Victoris*, VIIJ non. januarij. Il était alors prieur de Puiseux, car on lit en marge de la note manuscrite qui est en tête du catalogue alphabétique : *Obijt prior de Putheolis.*

considérable, fut presque entièrement reconstruite
sous François Ier; on ne conserva des anciens
bâtiments que l'entrée, le clocher et la chapelle
souterraine. La bibliothèque était aussi en grande
réputation, *estimabatur tum ob præstantiores
editiones, tum ob varios manuscriptos quæ in ea
extabant*[1]. C'était incontestablement alors la plus
importante de France; et déjà, en même temps
qu'elle excitait bien des admirations, elle soule-
vait quelques critiques. Joseph Scaliger a pré-
tendu qu'elle ne contenait « rien qui vaille [2]. »
Rabelais s'en est moqué aussi; il a donné un long
catalogue d'ouvrages qui y étaient conservés,
mais dont il a, à dessein, travesti les titres sous
des dénominations équivoques et railleuses [3] :
« Et apres quelque espace de temps qu'il (*Pantagruel*) y eut demouré (*à Paris*) et fort bien estudié
en tous les sept arts liberaulx, il disoit que c'estoit une bonne ville pour vivre, mais non pour
mourir; car les guenaulx de Sainct-Innocent se
chauffoient le cul des ossemens des morts. Et

---

1. Maichelius, *Introductio ad historiam literariam de præcipuis
bibliothecis*, p. 99.
2. *Scaligerana*, au mot *Bibliothèque*, p. 60.
3. Voyez l'ingénieux et savant ouvrage de M. P. Lacroix, intitulé *Catalogue de la bibliothèque de l'abbaye de Saint-Victor au
seizième siècle*, *rédigé par Fr. Rabelais et commenté par le bi-
bliophile Jacob*, Paris, Techener, 1862, in-8°.

trouva la librairie de Sainct-Victor fort magnifique, mesmement d'aulcuns livres qu'il y trouva,
desquelz s'ensuyt le repertoire..... [1]. »

Le chantre de l'abbaye semble avoir longtemps
joint à ces fonctions celles de bibliothécaire, et
c'est à ce titre seulement que nous pouvons
mentionner comme successeurs de Grandrue,
Jacques de Lyons et Guillaume Cotin. Mais tout
doute cesse relativement à Jean Picard, qui fit,
en 1604, un nouvel inventaire de la collection
dont il avait la garde [2].

Quant au règlement même de la bibliothèque,
il était compris dans la RÈGLE générale de Saint-
Victor, et renfermait les dispositions suivantes :
Le Bibliothécaire a sous sa garde tous les livres
de l'église (c'est-à-dire de la maison ou de l'abbaye, ou si l'on veut, de la communauté). Il doit
en posséder une liste détaillée, et au moins deux
ou trois fois par an les feuilleter, en faire l'inventaire, et examiner soigneusement s'il ne s'y trouve
ni vers qui les ronge, ni rien qui les salisse. La

---

1. Rabelais, *Pantagruel*, liv. II, ch. 7.
2. *Catalogos autem Claudij de Grandiuico et libros in illis
expressos reuisit primùm Johannes Picardus, eiusdem abbatiæ
canonicus, anno 1604, et libros qui deficerent ex pulpitis, trac-
tatusque ex voluminibus vi et furto auulsos annotauit ad mar-
gines catalogorum. — Index eorum que in bibliotheca Sancti
Victoris continentur, etc.* Bibliothèque Mazarine, *manuscrits,*
N° 1358.

bibliothèque doit être intérieurement garnie de
boiseries, de peur que l'humidité des murailles
ne se communique aux manuscrits, et ne les
détériore. Les pupitres ne doivent être ni trop
rapprochés, ni trop éloignés les uns des autres ;
et les livres qui y sont placés ne doivent être ni
trop serrés, ce qui pourrait nuire à leur conservation, ni trop écartés, ce qui pourrait y amener
de la confusion, et entraver les recherches. Le
bibliothécaire tiendra à la disposition de tous
les livres qui sont nécessaires pour le travail de
chaque jour, de même que ceux qu'il juge plus
spécialement applicables à l'instruction et à l'édi-
fication des religieux : tels sont les Bibles, les vies
des Pères et les principaux commentateurs sacrés.
Quant aux autres ouvrages, qui sont d'un usage
moins général, ils resteront toujours dans la
bibliothèque, et le bibliothécaire ne s'en dessai-
sira que sur la demande formelle d'un religieux ;
et, dans ce cas, il prendra aussitôt note des livres
prêtés, afin qu'il lui soit toujours facile de savoir
quels ouvrages possède chaque religieux. Ceux
qui empruntent des livres doivent les conserver
avec beaucoup de soin, ne pas les confier à d'autres personnes ; et quand ils n'en ont plus besoin
les remettre au bibliothécaire[1].

---

1. *Armarius omnes libros ecclesiæ (id est domus vel ab-*

Le règlement s'occupe ensuite des prescriptions relatives à la copie des manuscrits. Un lieu spécial, au sein de l'abbaye, mais dans un endroit écarté, était affecté à ce travail, afin que les religieux pussent s'y livrer loin du bruit et des distractions [1].

---

batiæ, si maris aut familiæ) in custodia sua habet, quos omnes nominibus propriis sigillatim annotatos habere debet, et per singulos annos, ad minus bis aut ter, eos exponere et recensere; et ne in eis aliquid vel tinea, vel alia qualibet corruptela infectum vel exesum sit, diligenter considerare. Ipsa autem armaria intrinsecus ligno vestita esse debent, ne humor parietum membranas rubigineque aliqua, sive humectatione aliqua inficiat : in quo etiam diversi ordines seorsum ac seorsum distincti et convenienter coaptati esse debent, in quibus libri separatim ita collocari possint et distingui ab invicem, ne vel nimia compressio ipsis libris noceat, vel confusio aliquid specialiter in eis quærenti moram afferat, vel impedimentum. Debet etiam Armarius inter hos libros qui ad quotidianum officium ecclesiæ necessarii sunt, etiam de aliis aliquot, quos ad instructionem, vel ad edificationem fratrum magis commodos et necessarios esse perspexerit, in commune proponere : quales sunt Bibliæ sacræ et majores Expositores et Passionarii, et Vitæ Patrum et Homiliarii. Cæteros autem, id est minores omnes et quotidianos nunquam extra armarium exponere debet, vel relinquere, nisi specialiter ab aliquo fratrum requirantur; sed et tunc quoque, quoscumque exposuerit in brevi annotare debet, ut sciat quos vel quot unicuique dederit. Illi verò qui ab Armario aliquos specialiter libros accipiunt, quamdiu eos habent, diligenter apud se custodiant, nec alibi exponant, vel relinquant, et càm expleverint in eis quod volunt, iterum Armario servandos reddant.

1. *Loca etiam determinata ad ejusmodi opus seorsum a conventu, tamen intra claustrum præparanda sunt, ubi sine pertur-*

Jean Picard mourut de la pierre le 15 juin 1615 [1]. Il eut pour successeur Étienne Reynard qui, en 1623, entreprit de dresser un nouveau catalogue des livres de l'abbaye. Ce catalogue, alphabétique et méthodique, forme un volume in-quarto qui est aujourd'hui conservé à la Bibliothèque impériale [2]. En tête, on lit une introduction assez curieuse, adressée au prieur de la Maison [3], et qu'on trouvera reproduite à la fin de ce volume.

Jean de Thoulouze, nommé sous-prieur du couvent en août 1635 [4], devint prieur le 10 avril 1636 [5], et bibliothécaire en remplacement d'Étienne

---

batione et strepitu scriptores operi suo quietius intendere possint. — Ce règlement se trouve dans un grand nombre de manuscrits, dont trois sont conservés à la Bibliothèque impériale et classés dans le fonds de Saint-Victor : 1° en tête du *Necrologium Sancti-Victoris*, in-folio, n° 15, p. xix ; 2° dans le traité *De ecclesia Sancti-Victoris*, in-4°, n° 687, cap. xiii, *De armario* ; 3° dans l'ouvrage de Jean de Thoulouze, *Antiquitatum regalis abbatiæ Sancti-Victoris libri XII*, in-folio, n° 1039, t. II, p. 180.

1. Jean de Thoulouze, *Mémorial de Saint-Victor de 1605 à 1656.* Bibliothèque impériale, manuscrits, fonds de Saint-Victor, n° 1042, t. II, p. 3.

2. *Manuscrits,* fonds de Saint-Victor, n° 946.

3 *Reuerendo in Christo Patrj Fratrj Dionisio San Germano, sancti Victoris parisiensis priorj vigilantissimo frater Stephanus Regnardus deuotus in Christo filius, obedientiam et humilem in domino subiectionem.*

4. *Gallia christiana,* t. VII, p. 699.

5. *Histoire manuscrite de Saint-Victor,* lib. II, p. 208. — *Re-*

Reynard. Il s'acquitta de ses fonctions avec un grand zèle, et trouva le temps de rédiger plusieurs ouvrages considérables auxquels nous avons fait de nombreux emprunts. Les plaintes qu'il formule dans l'un d'eux [1] contre l'indélicatesse de certains visiteurs semblent indiquer que l'entrée de cette bibliothèque était accordée à quelques personnes, amis ou parents des religieux. M. P. Lacroix en a conclu que les écoliers y avaient alors un facile accès : « Ce fut certainement, dit-il, sous le règne de François Ier que la bibliothèque de Saint-Victor devint publique [2]. » Nous sommes convaincu qu'il se trompe, et qu'il a cédé trop facilement à son désir de faire figurer Rabelais parmi les hôtes habituels de cette bibliothèque. La collection de Saint-Victor fut PEUT-ÊTRE publique du douzième au quatorzième siècle [3], mais elle ne l'était certai-

cueil de pièces latines et françoises relatives à l'abbaye de Saint-Victor. Bibliothèque impériale, manuscrits, fonds de Saint-Victor, n° 1047, p. 442.

1. Antiquitatum abbatiæ Sancti-Victoris libri XII, t. II, p. 103.

2. Catalogue de l'abbaye de Saint-Victor au seizième siècle, p. 21.

3. Les différents documents imprimés et manuscrits que nous avons consultés restent absolument muets à cet égard ; mais le nécrologe renferme trois mentions qui feraient supposer qu'au treizième siècle la bibliothèque de Saint-Victor pouvait, comme celle de l'église de Paris, mettre ses livres à la disposition des étudiants. Voici les trois passages sur lesquels cette assertion s'appuierait : 1° NO-

nement déjà plus au seizième. M. P. Lacroix
n'appuie d'ailleurs son assertion sur aucune auto-
rité ; il cite bien quelques lignes extraites de l'ouvrage de Jean de Thoulouze, mais elles ne nous
paraissent nullement confirmer son opinion. Voici
en effet ce qu'y déclare l'auteur, qui ne fait dans
la phrase précédente aucune allusion à une publi-
cité antérieure : *Curiosi quique, imo et doctiores
indignabuntur quod libros, tractatus, opuscula,
et uno verbo quidquid in manuscriptis nostris
reconditum est, et nedum evulgatum, huc non re-
censuerim,* UNDE BIBLIOTHECA VICTORINA POSSIT IN
USUS PUBLICOS ALIQUANDO PRODIRE [1]... Un peu plus
loin, Jean de Thoulouze dit bien que certaines personnes y ont été autrefois *frequentius admissi*,
benigno favore, mais on sait que toutes les abbayes
ouvraient depuis longtemps les portes de leurs

NAS MAII, *anniversarium domini Bertoldi.... de cujus beneficio
habuimus XX^ti volumina librorum, quos omnes dedit* AD USUM
SCHOLARIUM.—IIIJ IDIBUS JULIJ, *anniversarium ... Johannis de
Abbatis Villa ... et avunculi sui ... qui dedit nobis ... libros
valentes l.xx libras,* AD USUM FRATRUM ET PAUPERUM SCHOLARIUM.
—XIIJ KALENDAS OCTOBRIS, *anniversarium Gervasii ... qui dedit
nobis libros glosatos...,* HOS OMNES LIBROS DEDIT AD USUM CLAUS-
TRALIUM ET PAUPERUM SCHOLARIUM.—Nous n'avons trouvé aucune
indication de cette nature dans les nécrologes des deux plus grandes
abbayes contemporaines de Saint-Victor, Saint-Germain-des-Prés et
Sainte-Geneviève.

1. Jean de Thoulouze, *Antiquitatum abbatiæ Sancti-Victoris
libri XII*, t. II, p. 191.

bibliothèques à quelques savants ou amis privilégiés; c'était là une faveur et non un droit. On ne pourrait donc en conclure que la bibliothèque eût été alors publique, et les termes mêmes d'une donation dont nous parlerons tout à l'heure suffiraient à le prouver.

Jean de Thoulouze venait d'entrer en charge quand l'abbaye décida de donner six beaux manuscrits au noviciat des Jésuites récemment installé rue du Pot-de-Fer, dans l'hôtel de Mezières [1]; c'était, selon toute apparence, un premier fonds destiné à former une bibliothèque dans cette Maison. Lors de la suppression des Jésuites, en 1760, tous les biens qui leur appartenaient furent mis en vente, et l'abbaye de Saint-Victor racheta, moyennant 49 liv. 18 sols les six manuscrits dont elle s'était dessaisie [2]. Au reste, dès 1641, le cou-

---

1. On lit sur chacun des manuscrits provenant de cette donation : *Hic liber est Domus Probationis Societatis Jesu Parisiensis, dono datus a R. P. Priore Sancti Victoris et cæteris canonicis, anno Domini 1636, die 10 Septembris.*—*Religiosi, Prior, et canonici regulares abbatiæ Sancti Victoris Parisiensis, spirituali beneficio affecti a Patribus Societatis Jesu, hunc codicem manuscriptum, cum quinque aliis sacros libros continentibus, huic Domui Probationis dono dederunt et obtulerunt mense Septembri, anno Christi 1636. J. B. HUAULT, pro prior Victorinæ Domus.* Voyez une liasse jointe au *Catalogue des manuscrits de l'abbaye de Saint-Victor*, Bibliothèque Mazarine, *manuscrits*. nᵒ 1945 M.

2. On lit dans les feuilles détachées que nous venons de citer :

vent avait encore acquis plusieurs volumes à la suite du décès d'un sieur Vlard ou Ulard, sur lequel nous ne possédons d'autres renseignements que ceux qui nous sont fournis par le nécrologe [1].

Cette même année 1641 fut marquée par la retraite de Jean de Thoulouze, qui mourut peu de temps après [2]; Jacques Bouet de la Noue lui succéda comme bibliothécaire. La collection renfermait alors environ quinze cents manuscrits [3], et de nouvelles libéralités allaient la rendre plus considérable encore. Constatons en passant que la

---

« Le mardi 19 juillet 1763, l'abbaye acheta six manuscrits pour 49 liv. 18 s. à la vente du noviciat des Jésuites. »

1. *Obiit D. Antonius Vlart, civis Parisiensis qui dedit nobis partem suæ supellectilis Librariæ. 1641.*—*Necrologium Sancti-Victoris*, j kalendas junij.—Nous avons trouvé, à la Bibliothèque Mazarine, un volume sur lequel on lit ces mots : *Ex dono domini Vlart*, incunables, n° 3626 ".

2. *Histoire manuscrite de Saint-Victor*, lib. II, p. 208.—Jean de Thoulouze a écrit un nombre considérable d'ouvrages relatifs à l'abbaye; ces travaux, encore inédits, sont aujourd'hui conservés à la Bibliothèque impériale dans le *fonds de Saint-Victor*. Parmi ceux qui nous ont servi, nous citerons : *Tractatus de fundatione et gestis abbatum Sancti-Victoris*, in-folio. *Congregatio Victorina*, in-folio. *Antiquitatum regalis abbatiæ Sancti-Victoris Parisiensis libri XII*, 2 vol. in-folio. *Mémorial de 1605 à 1656*, 2 vol. in-folio. *Annales abbatialis ecclesiæ Sancti-Victoris Parisiensis*, 7 vol. in-folio.

3. L. Jacob, *Traicté des plus belles bibliothèques publiques et particulieres* (1644), p. 576.

salle qui l'abritait ne commença à être chauffée qu'en 1651 [1].

Le 27 mars 1652, Henri du Bouchet, sieur de Bournonville, conseiller au Parlement de Paris, appela auprès de lui, rue Sainte-Croix-de-la-Bretonnerie, Jean le Caron et Philippe Gallois, « nottaires gardes-notes du Roy en son Châtelet, » et leur dicta ses dernières volontés. Il désirait être enseveli dans l'église de l'abbaye de Saint-Victor, et pour reconnaître cette hospitalité posthume, il léguait aux religieux ce qui avait été pendant sa vie « ses plus cheres délices, sa biblioteque, consistant en tous ses Livres generalement quelconques, tant Imprimez que Manuscrits, Cartes, Stampes, Tailles-douces, Figures, ses deux Globes et Pied-d'Estaux, Tablettes, et generalement tout ce qui compose le Corps de sadite Biblioteque, sans aucune chose en reserver, ny retenir [1] ». Du Bouchet avait rassemblé cette collection « avec beaucoup de peine et de soin. » Dix ans avant l'époque qui nous occupe, elle méritait déjà le titre d' « excellente » et renfermait six mille volumes [3]; elle avait été assez augmentée depuis, pour

---

1. Le Tonnelier, *Annales ecclesiæ Sancti-Victoris Parisiensis*, p. 106.

2. *Testament de du Bouchet.* Voyez l'*Appendice* à la fin du volume.

3. L. Jacob, *Traicté des plus belles bibliotheques* (1644), p. 501.

que Maichelius ait pu appeler ce legs une *insignis donatio* [1]. Mais du Bouchet assigna en même temps aux religieux de Saint-Victor certaines clauses dont l'inexécution pouvait entraîner la nullité du legs. Il n'y avait alors à Paris qu'une seule bibliothèque où le public fût librement admis, c'était celle de Mazarin, ouverte déjà depuis neuf ans [2]; du Bouchet voulut que la sienne offrît les mêmes facilités aux travailleurs, « que les gens d'étude eussent la liberté d'aller étudier en la Biblioteque de ladite Abbaye, trois jours de la semaine, trois heures le matin et quatre heures l'apresdiné [3]. » De plus, comme elle ne pouvait rendre de services réels qu'à la condition d'être sans cesse tenue au courant des publications nouvelles, le testateur léguait à l'abbaye

---

1. Maichelius, *Introductio ad historiam literariam de præcipuis bibliothecis*, p. 99.

2. Voyez A.-F., *Histoire de la bibliothèque Mazarine*, p. 9 et suiv.

3. *Testament de du Bouchet.* — « Il donna à l'abbaye de Saint-Victor une très-ample bibliothèque, afin de la communiquer à toute la terre trois jours par semaine. » *Histoire manuscrite de Saint-Victor*, lib. III, p. 69. — *Suos dedit libros ea lege, a nobis gratanter accepta, quod tribus in unaquaque hebdomada diebus instituatur unus canonicus qui studiosis omnibus legendos exhibeat libros sibi necessarios.* Jean de Thoulouze, *Antiquitatum regalis abbatiæ Sancti-Victoris libri XII*, t. II, p. 195. — Voyez aussi l'*Éloge de du Bouchet*, par le bibliothécaire Eustache de Blémur, 1651, in-4°.

une rente de trois cent soixante-dix livres exclusivement applicable à cet objet; tous les
volumes achetés sur cette somme devaient être
reliés aux armes du donateur. Une autre rente de
trois cent quarante livres un sol neuf deniers,
à prendre sur les gabelles, fut encore laissée par
lui, pour servir de traitement au religieux qui
remplirait les fonctions de bibliothécaire. Enfin,
il plaçait sa donation sous la haute surveillance
du Parlement, et « suppliait Messieurs les Avocats
Generaux de se donner la peine, une fois l'année,
à leur commodité, de voir l'ordre de ladite Biblioteque, et passer, s'il leur plaist, une journée avec
lesdits Religieux, et les avertir des plaintes, si
aucunes leurs estoient faites par les Gens
d'Etude [1]. »

---

1. Nous avons suivi pas à pas le testament de du Bouchet. On
peut consulter encore sur cette donation : Jugler, *Bibliotheca historiæ litterariæ*, t. Ier, p. 225.—Legallois, *Traillé des plus belles
bibliothèques de l'Europe*, p. 131. — Piganiol de la Force, *Description historique de Paris*, t. V, p. 285.—Lemaire, *Paris ancien et
nouveau*, t. II, p. 405.—D'Auvigny, etc., *Histoire de la ville de
Paris*, t. V, p. 484.--Antonini, *Mémorial de Paris et de ses environs*, t. Ier, p 200. —Lerouge, *Curiosités de Paris et de ses environs*, t. Ier, p. 395.—Jacquemard, *Remarques sur les abbayes,
collégiales, etc. supprimées...*, p. 143 —G. Brice, *Nouvelle
description de Paris*, t. II, p. 370.—Moreri, *Dictionnaire historique*, t. II, p. 114.—L'abbé Lebeuf, *Histoire de la ville et du
diocèse de Paris*, t. Ier, p. 552.—Jaillot, *Recherches historiques
et topographiques sur Paris*, quartier de la place Maubert, p. 31.

Voici au reste les détails que fournit sur cette importante donation un religieux contemporain de l'événement :

« Le sabmedy 25ᵉ iour d'Auril, feste de Saint Marc, iour de ma reception en ceste maison l'an 1605, et par ainsi le premier de ma cinquantiesme année religieuse, sur les neuf heures du soir, fust enterré dans la chappelle Saint Denis proche Monsieur le président le Maistre, Messire Henry du Bouchet, sieur de Bournonville, Conseiller du Roy en sa cour de Parlement et grande chambre d'icelle, déceddé en sa maison, size rue Sainte Croix de la Bretonnerie, paroisse Saint Jean en Grève, le Jeudy 23 du mesme mois à six heures du matin ; lequel auoit faict son testament dès le Mercredy 27ᵉ Mars 1652, pardeuant le Carron et Galloys, notaires au Chastellet de Paris ; par lequel il donne apres son deceds à nostre abbayé de Saint-Victor sa Bibliotheque, concistant en tous ses liures generalement quelsconques, tant impri-

---

—La donation de du Bouchet est mentionnée en ces termes sur le nécrologe de l'abbaye : *Obiit Clarissimus Vir Henricus Du Bouchet Dominus de Bournonville, in Suprema Curia Galliarum Senator integerrimus, qui hanc Domum singulari amore complectens, amplissimam Bibliothecam quam magno sumptu diu ante sibi parauerat, insuper et septingentas libras annui redditus ab ærario publico percipiendas in nororum librorum emptionem nobis donarit, 1651. —Necrologium abbatiæ Sancti-Victoris, IX kalendas maij.*

mez que manuscriptz, cartes, stampes, tailles douces, figures, ses deux globes et pieds d'estaux, tablettes, et generalement tout ce qui compose le corps de saditte bibliotheque, à condition que les gens d'estude auront la liberté d'aller estudier en la bibliotheque de Saint-Victor, où il ordonne icelle sienne bibliotheque estre conseruée au meilleur ordre qu'il se pourra. Et pour cet effect, un des religieux se trouuera, aux iours pour ce designez, pour communiquer et remettre les liures sans qu'ils puissent estre prestez et transportez hors ledit lieu, encores moins hors la Maison. Et pour aggreer cette charge, il legue et donne trois cens quarante liures un sol neuf deniers de rente a prendre sur les gabelles. Et en outre pour l'entretien de laditte bibliotheque a aussi legué trois cens soixante et dix liures de rente, a prendre sur le clergé de France en trois parties, désirant que le P. Eustache de Blémur, qu'il tesmoigne estre son amy, et en effect promoteur de ce bienfaict, prenne le soing de ceste bibliotheque tout le temps qu'il sera residant en ceste Maison, et en prenne la direction, nonobstant les reffus humbles qu'il luy auoit faict plusieurs fois de cette grace.

« Le corps donques dudit deffunct ayant esté inhumé le iour que dessus, le lendemain apres vespres furent chantez vigilles, et le lundy la

grande messe.... aux frais et despens pour le
dehors des heritiers dudit deffunct, lesquels les
mardy, mercredy et jeudy, derniers jours dudit
mois, deliurèrent ladite Bibliotheque et toutes les
despendances, qui furent apportées dans des cha-
riots et harnois appropriez.

« Et se sont trouuez sept à huict mil volumes de
tout ordre dont estoit composée laditte Bibliotheque, dont les prix seront faciles a colliger, par
le soing qu'a pris ledit Sieur de Bournonville de
marquer à la pluspart desdits liures la somme
qu'il en a payée.

« Il ni eust ni scellé ni proceds aucun faict par
le deceds dudit testateur, d'autant que Mʳ Jean
Jaques du Bouchet, son frère et heritier, et exe-
quuteur testamentaire estoit si homme d'honneur
que toutes choses furent remises en sa plaine disposition, dont il usa si honorablement que je ne
puis ....

« Laditte bibliotheque ayant esté promptement
mise en quelque sorte d'ordre a estre d'abbord
considerée de tous, nous en voulusmes faire la
publication par un seruice très solennel que nous
fismes pour ledit deffunct le iour de la Tri-
nité .... [1] »

---

[1]. Jean de Thoulouze, *Mémorial de l'abbaye de Saint-Victor*,
t. II, p. 57 et 58.

Les Pères de Saint-Victor se montrèrent recon-
naissants envers leur bienfaiteur. Comme il l'avait
demandé, on l'enterra dans une des chapelles de
l'église [1], Eustache de Blémur prononça un discours latin en son honneur [2], Santeuil célébra en
beaux vers ses vertus et sa générosité [3], son
buste fut placé dans la bibliothèque [4], et l'on fit
graver sur le marbre le passage de son testament
qui contenait le legs de sa riche collection [5].

Reproduire, ainsi, d'une manière ineffaçable,
les conditions imposées par le testateur, c'était
prouver qu'on avait l'intention de les exécuter.
En effet, l'année même, les portes de la bibliothè-

---

1. *Histoire manuscrite de l'abbaye de Saint-Victor*, lib. III,
p. 69.

2. Jean de Thoulouze, *Mémorial de l'abbaye de Saint-Victor*,
t. II, p. 255. Ce discours a été publié en 1654 chez le libraire
Cramoisy.

3. *San-Victorina gratitudo musarum lachrymis expressa in
funere Illustrissimi viri Henrici Buchetii Domini de Bournonville, nec-non in suprema Galliarum Curia Senatoris integer-
rimi*, dans les *Opera omnia* de Santeuil, t. II, p. 9.

4. Nemeitz, *Séjour de Paris*, t. Ier, p. 268.

5. Du Bouchet écrivait son nom en tête ou au milieu du titre de
tous les ouvrages qui lui appartenaient. Il y joignait presque toujours deux nombres : l'un indiquait le prix que lui avait coûté le volume, l'autre l'année pendant laquelle il l'avait acheté :

Du Bouchet. 3. 1645.

Parfois l'inscription est plus claire encore :

Du Bouchet. empt. 24 s. a. d. 1644.

que s'ouvrirent pour tous ceux qui voulurent y
venir travailler [1]. Les membres du Parlement
montrèrent le même respect pour les dernières
volontés de leur ancien collègue. Chaque année,
ils faisaient une visite solennelle à Saint-Victor;
et ce jour-là, le bibliothécaire prononçait devant
eux un discours latin sur l'utilité des bibliothèques publiques [2].

Toutes les prescriptions de du Bouchet ne furent
pourtant pas aussi fidèlement respectées. Il avait
ordonné que ses armes fussent apposées sur chacun des volumes qui seraient acquis au moyen des
fonds laissés par lui; et les religieux, par écono-
mie sans doute, ne craignirent pas d'enlever à des
livres qui portaient ces armes sur les plats, un des
deux écussons pour le coller ensuite sur de nouveaux ouvrages.

Ajoutons qu'en dehors des jours consacrés aux
séances publiques, les étrangers qui venaient au
couvent, dans le but de visiter la bibliothèque,
risquaient fort de s'en voir refuser l'entrée. Un
Hollandais qui fit, en 1657, un voyage à Paris, fut
réduit à écrire sur son journal la phrase suivante:
« Nous fusmes aussy à l'abbaye de Saint-Victor

1. Leprince, *Essai historique sur la bibliothèque du roi*,
p. 337.

2. B. d'Argonne, *Mélanges d'histoire et de littérature*, t. III,
p. 310.

pour voir la bibliotheque; mais on ne put pas
nous la monstrer, le Père qui en a les clefs estant
allé en ville [1]. »

On a vu qu'Eustache de Blémur, le successeur
de de la Noue, avait beaucoup contribué à la déter-
mination prise par du Bouchet; le chroniqueur
anonyme de Saint-Victor nous dit encore que celui-
ci donna ses livres à l'abbaye « en considération
de ce que ce Père si vertueux étoit bibliothécaire [2]. » Jean de Thoulouze ajoute : « La maison
est redevable à son goust pour les belles lettres
et à l'estime qu'il s'étoit attiré des sçavans
pendant qu'il fut bibliothéquaire de Saint-Victor,
le riche et important present que fit à la bibliotheque Messire Henry du Bouchet de Bournonville [3]. »
Eustache de Blémur possédait lui-même une petite collection de livres, et il est probable qu'il la
légua à l'abbaye, car sur un certain nombre de
volumes qui portent l'estampille de la bibliothèque, on trouve ces mots écrits à la main au milieu
du titre :

R. Eustachius de Blemur.

---

1. A. P. Faugère, *Journal d'un voyage fait à Paris en 1657,*
p. 113.

2. *Histoire manuscrite de l'abbaye de Saint-Victor,* lib. II,
p. 214.

3. Jean de Thoulouze. *Mémorial de l'abbaye de Saint-Victor,*
t. II, p. 255.

Les livres venaient d'être encore une fois chan-
gés de local. En 1651, les eaux de la Seine avaient
débordé, et la bibliothèque s'était tout à coup trouvée envahie. Il fallut surélever le bâtiment qui l'a-
britait, et la collection fut alors installée au second
étage [1]. L'escalier qui y conduisait était hardi et
commode [2], et la salle pouvait contenir jusqu'à
douze cents armoires [3]; on y voyait soixante-sept
portraits représentant les religieux de Saint-Victor
qui, depuis la fondation de l'Ordre, s'étaient dis-
tingués, soit par leurs lumières, soit par leurs
vertus [4]. Le milieu de la galerie était occupé par

---

1. *Quo post biennium Sequana denuo præter alveum inun-
dante et fratres nostros ex communi domicilio deturbante, ipso
anno* 1651 *ædificium superexcelsum fuit, et in superiori loco
bibliotheca translata fuit.*—Jean de Thoulouze, *Antiquitatum
Sancti-Victoris libri XII*, t. II, p. 180.

2. Sauval, *Histoire de Paris*, t. 1ᵉʳ, p. 409.

3. ....*In armariis numeris ferme mille ducentis consignatis.*
Jean de Thoulouze, *Antiquitatum Sancti-Victoris libri XII*, t. II,
p. 180.

4. « Ceste année (1639) nous ornasmes ladite Bibliothèque des
soixante et sept tableaux des hommes et Peres les plus illustres de
cette maison en dignités, sçauoir et piété, sans toutesfois deroger à
la probité et sainteté de ceux dont les noms nous sont incogneus et
dont nous n'avons pu rien retrouver. »—Jean de Thoulouze, *Mémorial de l'abbaye de Saint-Victor*, t. 1ᵉʳ, p. 659.—Dans un autre
ouvrage de Jean de Thoulouze se trouve un chapitre qui a pour
titre : *Noms des religieux de Saint-Victor representez és tableaux
estant dans la bibliotheque de ladite abbaye.* Nous en extrayons
les suivants : Guillaume de Champeaux ; Gilduin ; Thomas, deuxième

4

une double rangée de pupitres, offrant à peu près
cinquante places. Près de la porte d'entrée, on
plaça la plaque de marbre qui contenait l'extrait
du testament de du Bouchet; et de l'autre côté,
le buste de ce bienfaiteur de l'abbaye, avec l'inscription suivante, qui avait été composée par
Eustache de Blémur [1] :

EPITAPHIUM.

SISTE VIATOR.

Hic INTER SANCTORUM, DOCTORUM,

NOBILIUMQUE RELIQUIAS,

---

prieur; André, Adam et Hugues de Saint-Victor; Étienne, Maurice
et Eudes de Sully; Adenulfe d'Anagni; Bernard, archidiacre;
Obizon; Yves et Pierre de Saint-Victor; Hugues, cardinal et légat
en Angleterre (1184); Thierry, évêque d'Amara en Norvége; Arnoul
de Lisieux; Alexis, neveu d'Alexandre III et cardinal; Estienne de
Bourges; Henri, archevêque d'Ydrunte en Norvége; Geoffroy de
Poissy, évêque de Meaux; Étienne d'Orléans, évêque de Tournay;
Pierre Comestor; Pierre de Poitiers; Achard, Garin, Absalon, Jean,
Guillaume de Saint-Lô, Pierre le Duc, abbés de Saint-Victor; Eudes,
premier abbé de Sainte-Geneviève; Leonius; Robert de Flamesbure,
Godefroy et Richard, sous-prieurs de Saint-Victor; Jean Bouin, parisien; Girard de Granvillé, doyen de Beauvais; Pierre de Condé,
aumônier de Philippe le Bel; Jean de Montholon; le président Le-
maistre; Jean Pastoureau, président de la Cour des comptes; Pierre
des Boves, chanoine de Troyes, etc , etc. — Jean de Thoulouze, *Ab-
brégé de la fondation de l'abbaye Saint-Victor les Paris, succession des abbes, privileges et singularites d'icelle.*

1. Jean de Thoulouze, *Mémorial de l'abbaye de Saint-Victor,*
t. II, p. 58.

MISCENTUR CINERES
V. C. HENRICI DU BOUCHET,
IN SUPREMA GALLIARUM CURIA

SENATORIS;

CUI

NOBILE BUCHETIORUM ELBENÆORUMQUE

GENUS,

SANCTITAS,

INTEGRITAS SINGULARIS IN MUNERE,

DOCTRINA ET ERUDITIO IMMENSA.

CUJUS MONIMENTUM ÆRE PERENNIUS RELIQUIT

IN PRÆCLARO BIBLIOTHECÆ DONO,

QUAM REMP. LITTERARIAM COHONESTAVIT,

IN HAC REGALI ABBATIA,

MUSARUM APOTHECA,

IMMORTALITATEM CONSCIVERE;

TU NE INGRATUS ABSCEDE :

VITA FUNCTO BENE PRECARE, A QUO TU

IMMORTALITATEM NANCISCERE,

ACCEPISTI.
OBIIT ÆRÆ CHRISTI ANN. 1654.
DIE 23ᵃ. APRILIS
ÆTATIS 61 [1].

Eustache de Blémur mourut le 16 septembre.

---

1. Piganiol de la Force, *Description de Paris*, t. V, p. 281 —
G. Brice, *Description de Paris*, t. II, p. 370.—Lemaire, *Paris
ancien et nouveau*, t. II, p. 413.

1691 [1]; longtemps auparavant, il avait eu pour
successeur Charles Le Tonnelier, qui fit une révi-
sion du catalogue en 1664. Cette opération fut encore renouvelée, vingt ans plus tard, par Bouet de
la Noue, redevenu bibliothécaire [2]. Le Tonnelier
possédait une bibliothèque assez nombreuse, dont
le catalogue fut dressé en 1721 par un des religieux de Saint-Victor [3]. Il en laissa sans doute une
partie au couvent, car on rencontre assez fréquemment sur des livres qui en proviennent cette
mention manuscrite :

Ex biblioth. Le Tonnellier vict.

La bibliothèque de Saint-Victor qui, en 1684,
renfermait déjà dix-huit mille volumes « bien

1. Jean de Thoulouze, *Mémorial de l'abbaye de Saint-Victor*,
t. II, p. 255.
2. *Hos reuisit tertiò Carolus Le Tonnelier eiusdem ecclesiæ
canonicus et Bibliothecarius anno 1664. Denique eosdem iterum catalogos librosque recensuit idem Boetius Bibliothecarius
hoc anno 1684, mense nouembri, et quædam volumina quæ a
prima sua recensione defecerunt adnotauit ; plurima verò volumina quæ in iisdem catalogis non continentur, ab illorum scilicet confectione acquisita, cum cæteris ad vsum ordinauit ; de
omnibus tandem aliquando, deo dante, nouos catalogos confectu-
rus.* Note placée en tête du manuscrit de la bibliothèque Mazarine,
n° 1358.
3. *Catalogue des liures de monsieur le Tonnelier de Saint-
Victor, par M. Le Bret de Saint-Victor, diuisé en trois parties,*
1721. Bibliothèque Mazarine, *Manuscrits*, n° 3171.

conditionnés, » et trois mille manuscrits [1], était
ouverte au public tous les lundis, mercredis et
samedis, le matin de huit à dix heures, et le soir
de deux à quatre [2]; « chacun étoit bien reçu à
demander les livres dont il pouvoit avoir besoin,
et en tirer sur le lieu telle utilité qu'il lui plai-
soit [3]. »

Au reste, outre les dons nombreux qui lui ar-
rivaient de toutes parts, la collection de Saint-
Victor s'enrichissait encore d'acquisitions faites
sur les revenus du couvent. « En 1639, dit Jean
de Thoulouze, nous augmentasmes notre Bibliothèque d'une douzaine et demie de liures manuscriptz acheptez par les soings du Père Philippe [4]. »
Sur un magnifique exemplaire in-folio de la Vie
des saints, nous avons trouvé la note suivante :
*Iste liber est bibliothecæ Sancti Victoris Parisien-
sis, emptus 30 liv. 1663. E. D. B.* [5] (Eustache de
Blémur).

---

1. Lemaire, *Paris ancien et nouveau*, t. II, p. 105.

2. *Tribus per hebdomadem vicibus literalis patet. Nempe dies lunæ, mercurii, atque saturni, et horis quidem antemeridianis ab octava usque ad decimam, pomeridianis verò a secunda usque ad quartam.* Maichelius, *Introductio ad historiam literariam*, p. 99.

3. Lerouge, *Curiosités de Paris et de ses environs*, t. Ier, p. 95.

4. Jean de Thoulouze, *Mémorial de Saint-Victor*, t. Ier, p. 652.

5. Bibliothèque impériale, *manuscrits*, fonds de Saint-Victor, n° 12.

Celte bibliothèque, à laquelle Michel de Marolles venait d'appliquer l'épithète de « noble ¹, »
s'enrichit encore, en 1698, d'une nouvelle collection. Nicolas de Tralage, conseiller au Parlement,
et neveu de M. de la Reynie, le fameux lieutenant
général de police ², légua à l'abbaye sa bibliothèque ³ composée presque exclusivement d'estampes
et de cartes géographiques ⁴. Rassemblée avec un
soin extrême, et au prix d'immenses sacrifices
pécuniaires ⁵, c'était alors, dans cette spécialité,
la plus belle « qu'il y eût au monde ⁶; » les estampes à elles seules comprenaient près de trente-
trois mille pièces ⁷. Les volumes qui ont appartenu

---

1.   La Victorine est noble où plusieurs sont fondues

M. de Marolles, *Paris ou description succincte et néanmoins
assez ample de cette grande ville*, p. 46.

2. Durey de Noinville, *Dissertation sur les bibliothèques*, p. 44.

3. Jugler, *Bibliotheca historiæ litterariæ*, t. Iᵉʳ, p. 225. - Jaillot, *Recherches historiques sur Paris*, quartier de la place Maubert, p. 169.

4. J. Duchesne, *Description des estampes exposées dans la galerie*, etc., avertissement, p. xxi.—D'Auvigny, etc , *Histoire de
Paris*, t. V, p. 184.

5. Jacquemart, *Remarques sur les abbayes collegiales, etc.
supprimées*, p. 114.

6. Piganiol de la Force, *Description historique de Paris*, t. V,
p. 285.

7. G. Duplessis, *Le cabinet des estampes à la Bibliothèque
impériale*, p. 13.—La donation de N. de Tralage est consignée
sur le nécrologe de l'abbaye en ces termes : *Obiit Vir Clarissimus*

à M. de Tralage portent presque tous, au verso de la couverture, son *ex libris* gravé, avec ses armes.

Quelques années auparavant, un sieur Accart, qui avait passé sa vie à collectionner des estampes, avait partagé son riche cabinet entre les bibliothèques de Saint-Victor, de Saint-Germain-des-Prés et de Sainte-Geneviève [1].

Au commencement du dix-huitième siècle, mourut l'académicien Louis Cousin, président de la Cour des Monnaies. « C'étoit, dit Niceron, un homme d'une probité sans égale, d'une justesse d'esprit admirable, d'un jugement droit et fin [2]. » Le temps qu'il dérobait au travail, il le partageait entre l'exercice éclairé de la bienfaisance et le soin de sa riche bibliothèque [3], dont il avait de bonne heure entrepris la formation. Son testament fut le fidèle reflet de toute sa vie. Il fonda, au collége de Beauvais, six bourses en faveur de pauvres écoliers [4], et légua à l'abbaye de Saint-

D. *Nicolaus de Tralage, Lemovicensis Prætor, qui Bibliothecam nostram amplissima Librorum supellectili, insuper et redditibus ad novos emendos, peramanter locupletavit.* 1698.—*Necrologium Sancti-Victoris*, ij idus novembris.

1. G. Brice, *Description de Paris*, t. II, p. 511.

2. Niceron, *Mémoires pour servir à l'histoire des hommes illustres de la république des lettres*, t. XVIII, p. 187.

3. Félibien, *Histoire de Paris*, t. Iᵉʳ, p. 494.

4. Celui-ci les refusa et elles furent transportées au collége de Laon. G. Brice, *Description de Paris*, t. III, p. 201.

Victor sa bibliothèque [1], avec une rente de mille livres destinée à l'entretenir [2]. Cette libéralité fut soumise à deux conditions. Le testateur voulait que la bibliothèque de Saint-Victor ne cessât jamais d'être ouverte à tous ceux qui y voudraient venir travailler [3], et que tous les ans, au jour anniversaire de sa mort, on célébrât pour lui, dans l'église de l'abbaye, une messe haute, à l'issue de laquelle un chanoine de la Maison prononcerait un discours sur l'utilité des bibliothèques publiques [4] C'était, on le voit, la reproduction exacte des volontés exprimées un demi-siècle auparavant par du Bouchet de Bournonville. Le nécrologe de l'abbaye enregistra cette nouvelle donation en ces termes : *Obiit Dominus Ludovi-*

---

1. Maichelius, *Introductio ad historiam literariam*, p. 99. — Jugler, *Bibliotheca historiæ litterariæ*, t. Ier, p. 225, — Antonini, *Mémorial de Paris et de ses environs*, t. Ier, p. 200. — D'Auvigny, etc., *Histoire de Paris*, t. V, p. 481. — L'abbé Lebeuf, *Histoire de la ville et du diocèse de Paris*, t. Ier, p. 552. — Maichelius et Jugler fixent la mort de L. Cousin à l'année 1703; c'est une erreur, il mourut le 26 février 1707.

2 Ladvocat, *Dictionnaire historique*, t. Ier, p. 361. — Leprince, *Essai historique sur la bibliothèque du roi*, p. 338. — Piganiol de la Force, *Description de Paris*, t. VII, p. 105.

3. Jacquemart, *Remarques sur les abbayes, collégiales, etc supprimées*, p. 141. — Piganiol de la Force, *Description de Paris*, t. V, p. 285.

4. Durey de Noinville, *Dissertation sur les bibliothèques*, p. 45. — G. Brice, *Description de Paris*, t. II, p. 372.

cus Cousin, in monetali Curia Præses integerri-
mus, qui in hanc domum piè affectus, Bibliothecam
suam, cum mille libris annui redditus in novo-
rum librorum emptionem, sub conditionibus in
testamento appositis, ipsi legavit[1]. Il est très-
probable que les volumes légués par Cousin ne
reçurent aucune marque distinctive; nous avons
en effet retrouvé plusieurs ouvrages qui lui ont
certainement appartenu et qui ne portent que
l'estampille ordinaire de l'abbaye[2].

Ce dernier legs, en même temps qu'il ajoutait
à la bibliothèque de Saint-Victor un nombre considérable d'ouvrages précieux, contribua à la
rendre plus accessible encore pour le public, et
à en faire régulariser le service intérieur.

Le dix-huitième siècle nous fournit deux autres
donations, qui sont révélées par le nécrologe de
l'abbaye, et sur lesquelles nous ne possédons aucun renseignement. La première date de février
1765; Marguerite-Catherine Boucher, veuve de
François-Louis Martinot-Duplessis, offrit à la bibliothèque une horloge d'un grand prix et élé-

---

1. *Necrologium abbatiæ Sancti-Victoris*, iiij kalendas marcii.
2. Voyez, entre autres, à la Bibliothèque Mazarine (*nouveau fonds, Littérature*, n° 1121), un volume sur le titre duquel on lit : *Pour Mr le president Cousin, de la part de son tres humble ser-viteur.*

gamment travaillée [1]. Le défunt dont il est ici question était sans doute parent du célèbre horloger Henri Martinot qui mourut en 1725. Trois ans après, en mai 1768, Marc-Antoine-Léonard de Malpeines, conseiller au Châtelet et administrateur de l'Hôtel-Dieu, donna à l'abbaye environ six cents volumes *optimæ notæ* [2], provenant à la fois de sa bibliothèque et de celle de son frère.

D'autres libéralités de la même nature, mais sur lesquelles nous n'avons pu nous procurer aucun détail, succédèrent certainement à celle-ci. On trouve par exemple sur quelques volumes

---

1. *Obiit Margareta Catharina Boucher, vidua Francisci Ludovici Martinot Duplessis, quæ nostræ bibliothecæ reliquit horologium magni pretii et eleganter elaboratum.* 1765.—*Necrologium Sancti-Victoris, ij nonas februarij.* — Au moment de la Révolution, cette pendule était placée dans les appartements du P. Lagrenée, prieur de la Maison. *Procès-verbal d'apposition de scellés sur la bibliothèque de Saint-Victor par M. Hardy officier municipal, le 18 février 1791.* Archives de l'Empire, série S, n° 2069.

2. *Obiit Dominus Marcus-Antonius Leonard de Malpeines, Regi a consiliis in Castelleto Parisiensi, et Nosocomij Demus Dei Administrator, Vir eruditione clarus, qui ex propria supellectili litteraria, necnon ex Bibliotheca Dilectissimi fratris sui Augustinj Martini Leonard Sacerdotis contubernalis nostri, post decessum ejusdem, dedit nobis circiter sexcenta volumina optimæ notæ, anno 1768.*—*Necrologium Sancti-Victoris, iij nonas maij.*

provenant de Saint-Victor les inscriptions suivantes :

Ex dono D.D. Margelin, 1744.

Ex dono Auguste, 1777.

Offerebat A. P. Auguste, parisinus.

Ex dono Th. Christiani.

Ex dono D. Vicard.

Les mentions inscrites sur le nécrologe vont maintenant nous permettre de compléter la liste des bibliothécaires de l'abbaye. A Charles Le Tonnelier succéda Paul Vion d'Herouval, qui mourut en février 1719[1]; l'abbé Noiret, l'abbé Lebrun, l'abbé Lucce et l'abbé Bourbonne eurent cette charge après lui. En 1743, le bibliothécaire de l'abbaye était l'abbé Contet, dont les auteurs du *Gallia christiana* ont fait l'éloge[2]. Viennent ensuite : Camille-Charles Pelissier, qui mourut en 1759[3]; Martin Lagrenée, qui conserva cette posi-

---

1. *Obiit Paulus Vulon d'Herouval Sac. Can. noster, Prof. Doctor Theologus, quondam Armarius et Sacrista hujus Ecclesiæ, 1719. — Necrologium abbatiæ Sancti-Victoris, x kalendas februarij.*

2. *Gallia christiana*, t. VII, p. 699.

3. *Obiit P. Camillus Carolus Pelissier Sac. Can. noster, prof. Bibliothecarius, in utroque Jure Licentiatus, ætatis 45. prof. 20, 1759. — Necrologium abbatiæ Sancti-Victoris, viij klibus januarij.*

tion jusqu'en octobre 1762 [1]; Léonard-Charles Brunet, mort trois ans après [2]; Claude Cerveau, qui décéda en janvier 1767 [3]; Armand Septier [4]; et Pierre-Nicolas Lallemant, chanoine de Saint-Cloud et prieur de Saint-Paul-des-Aulnays [5]; il eut pour successeurs les abbés : Mulot, qui, en 1789, fut député à l'Assemblée nationale [6]; Guyot;

---

1. Obiit P. Martinus Lagrenée, Sac. noster, in sacra fac. paris. Baccalaureus theologus, bibliothecarius hujus Domus Prior S. Nicolai de Vallejocosa, prudens et administrator, sexagenarius. 1762.—Necrologium abbatiæ Sancti-Victoris, xij kalendas octobris.

2. Obiit Leonardus Carolus Brunet, Sac. Can. noster, prof. in sacra facultate paris., doctor theologus, bibliothecarius, cantor, demum prior de Villaribello, ætatis 49. 1765. — Necrologium abbatiæ Sancti-Victoris, j nonas marcij.

3. Obiit V. P. Claudius Cerveau, Sac. Can. noster, Prof. matricularius, magister juvenum, Bibliothecarius, Subprior.... anno 1767.—Necrologium abbatiæ Sancti-Victoris, vj kalendas januarij.

4. Privé de ses bénéfices ecclésiastiques par la Révolution, il passa ses dernières années à organiser la bibliothèque de la ville d'Orléans, et mourut en 1821.

5. Obiit Petrus Nicolaus Lallemant, Sac. Can. noster, Prof., quondam Bibliothecarius, Canonicus S. Clodoaldi, et Prior S¹¹ Pauli de Alnetis, ad nos reversus magister Juvenum, 1771, ætatis 65.—Necrologium abbatiæ Sancti-Victoris, xj kalendas augusti.

6. Il fut ensuite envoyé par le département de Paris à l'Assemblée législative, où il ne joua qu'un rôle très-secondaire. Il s'associa plus tard au culte des théophilanthropes, et fut un des premiers ecclésiastiques qui profitèrent des événements pour renoncer au célibat. Mulot a publié de nombreuses brochures, aujourd'hui fort rares. Nous

Laurent, mort en 1805; et Bruelle, qui ne vécut
que jusqu'en 1791.

Vers le milieu du dix-huitième siècle, la bibliothèque de l'abbaye de Saint-Victor renfermait
environ trente-cinq mille imprimés [1] et trois
mille manuscrits [2]. Elle était ouverte de huit à
dix heures le matin, et de deux à quatre heures
le soir, jusqu'à cinq heures même en été [3], les
lundis, mercredis et samedis [4]; et ces dispositions
restèrent en vigueur jusqu'à la Révolution [5].

-----

citerons entre autres les deux suivantes qu'il nous a été impossible
de nous procurer : *Requête d'un vieil amateur de la bibliothèque
de Saint-Victor à l'évêque d'Autun* (Talleyrand), Paris, 17.., in-8°;
et *Mémoire sur l'état actuel de nos bibliothèques*, Paris, 1797,
in-8°.—Mulot mourut en 1801.

1. Le *Mémorial de Paris* (1749) se prononce pour quarante
mille, t. 1er, p. 199; et Jugler (1754) pour trente mille, *bibliotheca
historiæ litterariæ*, t. 1er, p. 225.

2. Le *Voyageur fidèle* (1716), p. 317.—G. Brice, *Description
de Paris*, t. II, p. 369.—D'Auvigny, etc., *Histoire de Paris* (1735),
t. V, p. 484.—Sauval (1724) donne le chiffre de douze cents, *Histoire
de Paris*, t. 1er, p. 409. L'inexactitude est évidente.— Jugler dit
qu'elle contenait *aliquot millia manuscriptorum.*—Wallin, *Lutetia Parisiorum erudita sui temporis* (1722), p. 116, se prononce pour trois mille manuscrits.

3. *Almanach royal*, année 1710, p. 211.

4. La Chesnaye des Bois, *Dictionnaire des mœurs, usages et
coutumes des François*, t. 1er, p. 281. —Vigneul-Marville, *Mélanges d'histoire*, t. III, p. 310. —*Le Géographe parisien*, t. 1er,
p. 264.

5. Leprince, *Essai historique sur la bibliothèque du roi* (1782),
p. 337.

Elle avait chaque année deux mois de vacances, du 15 août à la Saint-Luc[1], qui tombe le 18 octobre. On choisissait toujours pour bibliothécaire un religieux de Saint-Victor[2], et il était aidé par un sous-bibliothécaire qui donnait les livres au public[3]; ce soin fut un peu plus tard confié à un garçon. Enfin, depuis la réduction qui avait été opérée sur les rentes, en 1720, la bibliothèque possédait seulement un revenu de 1303 liv. 9 sols 6 deniers, provenant des différents legs qui lui avaient été faits[4].

Les augmentations considérables que reçut cette bibliothèque nécessitèrent à diverses reprises l'addition de cabinets séparés qui, successivement, se remplirent de livres. On songeait depuis longtemps a édifier un nouveau bâtiment, digne de la magnifique collection de l'abbaye, mais l'argent manquait. Le duc de Fitz-James, abbé de Saint-Victor et évêque de Soissons, étant mort en 1764, les religieux demandèrent au roi l'autorisation de retenir chaque année, pendant

---

1. S. de Valhebert, *L'agenda du voyageur à Paris* (1736), p. 69. — *Almanach parisien en faveur des étrangers* (1763), p. 165.
2. *Almanach royal*, année 1709, p. 218.
3. *Almanach royal*, année 1710, p. 218.
4. *Déclaration des biens mobiliers et immobiliers dépendant de la mense canoniale de l'abbaye royale de Saint-Victor les Paris*, Archives de l'Empire, série S, carton n° 2069.

seize ans, sur les revenus de ce bénéfice, la somme
de dix mille livres, pour l'employer à l'érec-
tion d'une bibliothèque. Les chanoines exposaient
que le local réservé au public était beaucoup
trop petit et pouvait à peine contenir la moitié des
volumes nécessaires au service ordinaire. L'autorisation fut accordée, et, après quelques difficul-
tés, les travaux commencèrent vers 1772. Ces
nouvelles constructions, faites sous la direction
de l'architecte Danjou, se composèrent d'un bâtiment central long de vingt-quatre toises et terminé à ses extrémités par un pavillon formant
saillie; toute la façade était ornée de balcons, de
chambranles et de corniches exécutées avec
goût [1]. Le premier étage renfermait les livres; au
second, dans un grand cabinet contigu à l'infirmerie, se trouvaient les estampes, les cartes géographiques et les médailles [2]; de là sans doute
l'inscription *ex superiori bibliotheca Sancti-Victoris* qui se rencontre sur quelques volumes provenant de l'abbaye. Ces travaux avaient naturel-
lement suspendu le service public; il reprit en

---

1. Thiéry, *Guide des amateurs et des étrangers voyageurs à
Paris*, t. II, p. 163.
2. *Procès-verbal d'apposition de scellés sur la bibliothèque de
l'abbaye de Saint-Victor, par M. Hardy, officier municipal, le
12 février 1791*, p. 2. Archives de l'Empire, série S, carton
n° 2069.

1788 [1], quoique les constructions ne fussent pas entièrement terminées, car en 1789 le roi voulut bien accorder encore aux religieux une somme de cent cinquante mille livres pour l'achèvement de la bibliothèque [2].

La bibliothèque de Saint-Victor, qui ne devait plus avoir que trois années d'existence, possédait alors pour bibliothécaire l'abbé Jean-Charles-Marie Bernard [3], qui fut massacré dans le séminaire de Saint-Firmin, le 3 septembre 1792 [4].

Les seuls bibliothécaires que nous connaissions sont donc, en suivant l'ordre chronologique :

XVIe SIÈCLE.

Claude de GRANDRUE.
Jacques de LYONS.
Guillaume COTIN.

XVIIe SIÈCLE.

Jean PICARD.

---

1. Dulaure, *Histoire de Paris*, t. III, p. 319.
2. *Déclaration des biens mobiliers et immobiliers dépendant de la mense canoniale de l'abbaye royale de Saint-Victor lez Paris* (1791). Archives de l'Empire, série S, carton n° 2069.
3. *Procès-verbal d'apposition de scellés*, etc., p. 1. Archives de l'Empire, série S, carton n° 2069.
4. *Martyrologe du clergé français pendant la Révolution*, p. 25.

Etienne REYNARD.
Jean de THOULOUZE.
Jacques BOUET DE LA NOUE.
Eustache de BLÉMUR.
Charles LE TONNELIER.

XVIIIᵉ SIÈCLE.

Vion D'HEROUVAL [1].
L'abbé NOIRET.
L'abbé LEBRUN.
L'abbé LUCCE.
L'abbé BOURBONNE.
L'abbé CONTET.
C. Charles PÉLISSIER.
Martin LAGRENÉE.
L. Ch. BRUNET.
Claude CERVEAU.
Armand SEPTIER.
Nicolas LALLEMANT.
L'abbé MULOT.
Joseph-André GUYOT.
L'abbé LAURENT.
L'abbé BRUELLE.
Jean-Charles-Marie BERNARD.

---

1. « Savant ami du président Harlay, » dit Legendre, Vita Harlæi, p. 295.

Nous n'avons retrouvé les noms que de quatre sous-bibliothécaires : Guillaume Marcel[1], mort en 1708; Leperruquier, qui était en fonctions en 1711[2]; Bonamy, qui exerçait encore en 1722[3]; et l'abbé Dadou, qui probablement lui succéda[4]. Quant aux garçons chargés, sous la surveillance du bibliothécaire, de donner les livres au public, nous n'en pouvons citer qu'un seul, Jean-Antoine Mathieu, qui fut le dernier[5].

Il est très-difficile de déterminer le nombre de volumes que possédait alors l'abbaye. Thiéry. en 1787, prétend qu'il s'y trouvait quarante-cinq mille imprimés et vingt mille manuscrits[6], mais il y a là une exagération évidente; d'un autre côté, il semble y avoir exagération en sens contraire dans la déclaration officielle faite par le prieur à

---

1. *Nouvelle biographie générale*, t. XXIII, p. 443.

2. *Almanach royal*, année 1711, p. 208. – Vers 1734, Leperruquier fut chargé, avec l'abbé Guichon, de rédiger le catalogue des livres appartenant à la cathédrale de Paris. *Voyez* A.-F., *Recherches sur la bibliothèque publique de l'église Notre-Dame de Paris au treizième siècle*, p. 80.

3. G. Wallin, *Lutetia Parisiorum erudita sui temporis*, p. 116. – Bonamy fut nommé, en 1760, bibliothécaire de la ville de Paris.

4. Jordan, *Histoire d'un voyage littéraire*, p. 49.

5. *Procès-verbal d'apposition de scellés*, etc., p. 2. Archives de l'Empire, série S, carton n° 2069.

6. Thiéry, *Guide des amateurs et des étrangers voyageurs à Paris*, t. II, p. 162.

l'Assemblée nationale, le 11 mars 1790. Aux termes de ce document, la bibliothèque eût alors renfermé :

 5 500 volumes in-folio.
 8 500   —   in-quarto.
20 000   —   de petits formats.
  Soit 34 000 imprimés.
 1 800 manuscrits.
   170 volumes de géographie et d'atlas.
   170 cartons remplis de plans et de gravures[1].

La bibliothèque de Saint-Victor survécut quelque temps à la suppression des maisons ecclésiastiques. Ce fut Pache, devenu ministre, qui ordonna à Ameilhon de la transporter dans un des dépôts littéraires. Ameilhon dut obéir; mais il fit opérer le déménagement en suivant l'ordre indiqué par le catalogue, et il réussit à rétablir dans le nouveau local la bibliothèque complète et classée absolument comme elle l'était à l'abbaye[2].

Les catalogues dont on se servait à Saint-Victor depuis le commencement du dix-huitième siècle,

1. *Déclaration des biens mobiliers et immobiliers dépendant de la mense canoniale de l'abbaye royale de Saint-Victor les Paris.* Archives de l'Empire, série S, carton n° 2069.

2. Voyez une lettre d'Ameilhon au ministre de l'intérieur, 19 nivôse an V.— Archives de l'Empire, série F 17 1203.

sont aujourd'hui conservés parmi les manuscrits de.la Bibliothèque Mazarine[1]; ils forment treize volumes in-folio qui se divisent ainsi :

Bibliothecæ Sancti Victoris abbatiæ catalogus.
. Deux volumes. Il comprend les ouvrages in-folio seulement, rangés par formats et par ordre de matières.

Catalogus librorum in - quarto bibliothecæ S. Victoris Parisiensis. Absolutus anno Domini M.D.CC.XXXII.
Quatre volumes.—Ordre de matières.

Catalogue par ordre de matières des ouvrages in-octavo, in-douze et in-seize.
Deux volumes qui ne portent en tête aucun titre.

Catalogus librorum in-folio secundùm autorum cognomina, ordine alphabetico dispositus.
Un volume.

Catalogus librorum in-quarto, ordine alphabetico dispositus. — Absolutus sub finem mensis martii 1747.
Deux volumes.

Catalogus librorum in-octavo et in-douze, ordine alphabetico dispositus, secundùm auctorum cognomina.

1. Manuscrits in-folio, n° 1945 à 1945 M.

Deux volumes.

Bibliothecæ Sancti Victoris librj manuscriptj.

Un volume.—A la fin se trouve une liasse qui comprend :

1° L'original d'une lettre adressée par le F. Delannoy, de l'ordre de Citeaux, à « Le Tonnelier, chanoine régulier et Bibliothecaire de l'abbaye de Saint-Victor à Paris. »

2° « Copie des inscriptions qui se trouvèrent sur les six volumes manuscrits achetés à la vente de la Bibliothéque du noviciat des Jésuites le mardy dix-neuf juillet 1763. »

3° « Bibliothéque de Saint-Victor. Catalogue des papiers nouvelles et autres mis par pacquet. »

4° Suite du catalogue des manuscrits.

5° Catalogue de quelques ouvrages imprimés pendant le quinzième siècle.

La bibliothèque de Saint-Victor, comme toutes les grandes collections de cette époque, était riche surtout en ouvrages de théologie, d'histoire ecclésiastique [1] et de jurisprudence; cette dernière branche renfermait à elle seule près de quatre mille volumes [2]. Les incunables étaient très-nombreux; on y remarquait beaucoup d'éditions

1. Jugler, *Bibliotheca historiæ litterariæ*, t. 1ᵉʳ, p. 225.
2. Jordan, *Histoire d'un voyage littéraire*, etc., p. 72.

princeps et un magnifique exemplaire sur vélin de la Bible de 1462 [1]. Cette bibliothèque, fondée plus de deux cents ans avant l'invention de l'imprimerie, avait conservé un inestimable cabinet de manuscrits anciens. Presque tous les ouvrages composés au moyen âge par des religieux de l'abbaye avaient été donnés par eux à la communauté [2]. On y voyait aussi plusieurs bibles très-anciennes et très-précieuses [3]; un Tite-Live du douzième siècle; un ancien livre de prières, qui avait appartenu à une reine de France, dit Jordan [4]; de nombreux manuscrits orientaux, entre autres un bel exemplaire du Coran [5].

Voici, au reste, la liste de quelques manuscrits curieux provenant de Saint-Victor, et aujourd'hui conservés à la Bibliothèque impériale :

303 *bis* [6]. — *Biblia sacra.* In-folio, vélin,

---

1. Maichelius, *Introductio ad historiam literariam*, p. 99. — A. Chevillier, *De l'origine de l'imprimerie de Paris*, p. 16.

2. Legallois, *Traitté des plus belles bibliothèques de l'Europe*, p. 134. Voyez aussi Dubreuil, *Theatre des antiquités de Paris*, p. 312, 314, 317, 319.

3. Antonini, *Mémorial de Paris et de ses environs*, t. Ier, p. 200. — Leprince, *Essai historique sur la bibliothèque du roi*, p. 338.

4. Jordan, *Histoire d'un voyage littéraire*, p. 72. — Voyez p. 78.

5. Thiéry, *Guide des amateurs et des étrangers voyageurs à Paris*, t. II, p 162.

6. Ce chiffre indique le numéro sous lequel est inscrit le manuscrit dans le *fonds de Saint-Victor*.

écriture du treizième siècle, miniatures [1].

368. — *Biblia sacra, cum interpretationibus hebraïcorum nominum.* In-folio, vélin, treizième siècle [2].

23. — *Quatuor evangelia.* In-folio, vélin, dixième siècle.

433. — Leonius, *vetus testamentum versibus hexametris usque ad librum Ruth* [3]. In-folio, vélin, treizième siècle.

393. — *Epîtres et evangiles selon l'usage de Paris, traduits par* Jean de Vignay *à la requeste de la reine de Bourgogne* [4]. In-folio, vélin, quinzième siècle.

760. — Adæ Britonis *summa de difficilibus vocabulis Bibliorum.* In-quarto, vélin, quinzième siècle.

1 — Nic. de Lyra *in vetus testamentum* [5].

---

1. Une note du temps, placée en tête de ce manuscrit, mentionne qu'il a été donné à l'abbaye de Saint-Victor par la reine Blanche, mère de saint Louis. Voyez ci-dessus, p. 14.

2. C'est le manuscrit qui fut donné au couvent en 1385, par Jean Auchier. Voyez ci-dessus, p. 17.

3. On a regardé à tort ce Léonius comme ayant été chanoine de Saint-Victor. Voyez l'*Histoire littéraire de la France*, t. XIII, p. 431. Sa traduction de l'Ancien Testament n'a jamais été imprimée.

4. La reine dont il est ici question est Jeanne de Bourgogne, femme de Philippe de Valois. Jean de Vignay était religieux de Saint-Jacques-du-Haut-Pas; il fit quelques traductions pour le roi Jean. Voyez plus bas le manuscrit inscrit sous le n° 879.

5. Nicolas de Lyra termina en 1330 son commentaire sur l'Ancien Testament. Ce travail a eu plus de vingt éditions.

In-folio, vélin, quinzième siècle, miniatures.

.20. — RADULPHI FLAVIENSIS *commentaria in Leviticum* [1]. In-folio, 2 volumes, vélin, douzième siècle.

18. — LIETBERTUS, *flores psalmorum*. In-folio, vélin, douzième siècle.

160. — ALBERTUS MAGNUS *super psalterium et librum sapientiæ* [2]. In-folio, 2 volumes, vélin, treizième siècle.

870. — RABANUS *in libros sapientiæ et ecclesiastices* [3]. In-quarto, vélin, treizième siècle.

170. — RABANI *in evangelium sancti Matthæi libri VIII*. In-folio, vélin, treizième siècle.

50. — PETRUS LOMBARDUS *in epistolas Pauli* [4]. In-folio, 2 volumes, vélin, douzième siècle, miniatures.

859. — GILBERTUS PORRETANUS *in epistolas sancti Pauli* [5]. In-folio, vélin, treizième siècle.

---

1. On ne sait rien sur la vie de ce Raoul qui était moine de Flaix, au diocèse de Beauvais. Son travail sur le *Lévitique* a eu plusieurs éditions. Voyez l'*Histoire littéraire de la France*, t. XII, p. 482.

2. Ce manuscrit fut donné au couvent par Adenulfe d'Anagni. Voyez p. 16.

3. Raban Maur mourut en 856, et légua sa bibliothèque à l'abbaye de Fulde. Ses principaux opuscules ont été imprimés à Cologne en 1627, 3 vol. in-folio.

4. C'est, après les *Sentences* et les *Commentaires sur le psautier*, le meilleur ouvrage de Pierre Lombard.

5. Gilbert de la Porrée, qui mourut en 1154, fut longtemps le

778. — ALANUS DE INSULIS, *de arte prædicandi*[1]. In-quarto, vélin, treizième siècle.

501. — *Sermones plurium canonicorum Sancti Victoris*. In-quarto, vélin, quatorzième siècle.

562. — *Sermones diversi a quibusdam canonicis Sancti Victoris*. In-quarto, papier, quinzième siècle.

897. — HUGONIS DE SANCTO VICTORE *sermones*[2]. In-quarto, vélin, treizième siècle.

28. — GISLEBERTI *monachi sermones in cantica canticorum*[3]. — GUARINI, *abbatis V Sancti Victoris, sermones*[4]. In-folio, vélin, treizième siècle.

563. — GILBERTI DE TORNACO *sermones*[5]. In-quarto, vélin, quatorzième siècle.

---

chef du *réalisme*. Son commentaire sur les épîtres de saint Paul eut peu de succès.

1. Alain de Lille, surnommé *le docteur universel*, a laissé un grand nombre d'ouvrages dont quelques-uns sont encore inédits; nous croyons que ce traité est du nombre.

2. Hugues de Saint-Victor mourut en février 1142. Ses œuvres ont été très-fréquemment réimprimées.

3. Il passait pour l'homme le plus savant de son temps, et fut surnommé Gilbert l'Universel. Il mourut en 1134. Son commentaire sur le Cantique des cantiques, qui fut attribué successivement à Gilbert de la Porrée et à Gilbert Folcoth, évêque de Londres, a été imprimé en 1638.

4. Il mourut en 1194. « Il y a en la librairie de Sainct Victor un volume de ses sermons en beaux termes et belles conceptions. » Dubreuil, *Theatre des antiquites de Paris*, p. 313.

5. Ce Gilbert ou Guilbert de Tournay fit, dit-on, la première croisade avec saint Louis. Ses sermons ont été imprimés en 1518.

322. — GUALTERI, *prioris Sancti Victoris, ser-mones.* In-quarto, vélin, treizième siècle.

738. — GODEFRIDI, *canonici Sancti Victoris, sermones* ¹. In-quarto, vélin, treizième siècle.

862. — PHILIPPI DE GREVE *sermones in psalte-rium* ². In-folio, vélin, treizième siècle.

749. — JOANNIS DE ABBATISVILLA *sermones* ³. In-quarto, vélin, treizième siècle.

731. — ABSALONIS *abbatis sermones festivales* ⁴. In-quarto, vélin, treizième siècle.

482. — J. GERSON, *sermones* ⁵. In-quarto, papier, quinzième siècle.

941. — JACOBUS DE VORAGINE, *sermones quadra-gesimales* ⁶ In-quarto, papier, écrit en 1441.

---

1. Il y a en tête du manuscrit une figure qui pourrait bien être le portrait de l'auteur.

2. Philippe de Grève, chancelier de l'Université, a fait sur les psaumes 330 sermons qui ont été imprimés à Paris en 1523.

3. Jean Algrin, Halgrin ou Malgrin, mort en 1237, fut prieur d'Abbeville et cardinal. Ses sermons sont inédits.

4. Cet Absalon fut septième abbé de Saint-Victor, et mourut en 1202 ; son épitaphe se trouve dans les *Antiquités de Paris* de Dubreuil, p. 311. Il a laissé 51 sermons qui ont été imprimés à Cologne en 1534, in-folio.

5. Jordan, dans son *Histoire d'un voyage littéraire*, p. 49, mentionne ce manuscrit comme l'ayant vu à Saint-Victor. Une copie, du seizième siècle, de ces mêmes sermons est inscrite sous le n° 490.

6. Jacques de Voragine mourut en 1298. Presque tous ses sermons ont été imprimés.

404.—ROBERTI MELODUNENSIS *summa theologiæ* [1]. In-folio, vélin, quatorzième siècle.

401.—PETRI CANTORIS *summa de sacramentis* [2]. In-folio, vélin, treizième siècle.

54. — *Quæstiones in IV libros Sententiarum Petri Lombardi* [3]. In-folio, 2 volumes, vélin, treizième siècle.

603.—ADEMARIS, *Senonensis archiepiscopi, liber vocatus Speculum doctrinæ præsbiterorum* [4]. In-quarto, vélin, quatorzième siècle.

895 —JOHANNES DE BREVISCOXA, *de potestate ecclesiæ et concilii* [5]. In-quarto, vélin, quinzième siècle.

---

1. Ce manuscrit est cité comme appartenant à Saint-Victor, par Crevier (*Histoire de l'Université de Paris*, t. 1ᵉʳ, p. 158) et par E. Dupin (*Histoire des auteurs ecclésiastiques*, douzième siècle, p. 717). Un autre manuscrit de cet ouvrage, mais de format in-quarto, est inscrit dans le même fonds sous le nᵒ 478. - Robert de Melun fut fait évêque d'Herford en 1163, et mourut peu de temps après. Quelques extraits de sa *Somme théologique* ont été publiés par Duboulay (*Historia universitatis parisiensis*, t. II, p. 585) et par dom Mathoud (*Observationes ad Robertum Pullum*, p. 296).

2. Pierre le Chantre mourut en 1197. Cet ouvrage est inédit.

3. Ce manuscrit fut donné au couvent par Adenulfe d'Anagni; voyez p. 16. Sur les commentaires des *Sentences* de Pierre Lombard, voyez A.-F., *Recherches sur la bibliothèque de Notre-Dame de Paris*, p. 37.

4. Cet Adémar, qui fut le 81ᵉ archevêque de Sens, mourut en 1384. Voyez le *Gallia christiana*, t. XII, p. 79.

5. Sur Jean de Courtecuisse, voyez nos *Recherches sur la bibliothèque de Notre-Dame*, p. 117.

509.—HUGO DE SANCTO VICTORE, *de arca Noe*[1]. In-quarto, vélin, treizième siècle.

270. — *Decacornon, ou les dix commandemens de Dieu, selon les dix cornes de la bête qui apparut à Daniel*[2]. In-folio, vélin, quatorzième siècle.

884. —ANSELMUS CANTUARIENSIS, *de incarnatione Verbi*[3]. In-quarto, vélin, treizième siècle.

575. — FRANCISCUS DACHIMEUS, *des bons et des mauvais anges*. In-quarto, vélin, quinzième siècle, miniatures.

32.—*Liber fontis vitæ*[4]. In-folio, vélin, treizième siècle.

183. — PETRI BERCHORII *repertorium morale*[5]. In-folio, 6 volumes, vélin, quatorzième siècle, miniatures.

259.—GUILLAUME DE GUILLEVILLE, *les trois pelerinages de la vie humaine, de Jésus-Christ et de*

1. Voyez plus haut le manuscrit coté 897.
2. Ce manuscrit a été terminé en 1398.
3. Les œuvres complètes d'Anselme de Cantorbéry ont été publiées en 1675 par Gerberon. Jacques Picard, chanoine de Saint-Victor, en avait déjà donné une édition en 1612.
4. Par Avicébron, philosophe arabe qui mourut vers 1070, et qui est fréquemment cité par les scolastiques du treizième siècle.
5. Une note indique que cet ouvrage a été donné à l'abbaye par Jean Pastorelli, en 1392; voyez p. 18. Pierre Berchoire mourut en 1362. La bibliothèque de la Sorbonne possédait un magnifique manuscrit de sa traduction de Tite-Live.

l'âme [1]. In-folio, vélin, quatorzième siècle.

103.—GUILLELMI PERALTI *summa de vitiis* [2]. In-folio, vélin, quatorzième siècle.

935. — BERNARDUS MORLANENSIS, *de contemptu mundi* [3]. In-quarto, vélin, treizième siècle.

945 —ROBERTUS DE SORBONA, *de conditionibus matrimonii* [4]. In-quarto, vélin, treizième siècle.

685.—*Le reveil-matin des mondains.—Plainte à l'encontre des épouses déloyales.—Allumettes de l'amour divin* [5].—*Arc spirituel pour bander contre Dieu et navrer sa miséricorde.* In-octavo, papier, moderne.

464.—BOECE, *de la consolation de la philosophie, traduit par Jean de Meun pour Philippe IV* [6]. In-quarto, papier, quatorzième siècle.

1. Ces trois ouvrages ont été imprimés à Lyon en 1490. L'auteur, moine de Citeaux, mourut vers 1310.

2. Guillaume Pérault était dominicain, et mourut en 1255. Jean Gerson a fait un grand éloge de son *Summa de vitiis*, qui a été imprimé à Venise en 1492.

3. Ce traité a été imprimé à Brême en 1597. Bernard de Morlaix, qui était bénédictin, mourut en 1110.

4. Robert de Sorbon a laissé plusieurs traités qui, comme celui-ci, sont encore inédits; la plupart d'entre eux sont aujourd'hui conservés à la Bibliothèque impériale, dans le *Fonds de la Sorbonne*.

5. Par Pierre Doré (*Petrus Auratus*), licencié de Sorbonne, et auteur d'un grand nombre de traités du même genre. Celui-ci a été imprimé en 1510.

6. Ce volume a été acheté sur les fonds de la bibliothèque de l'abbaye en 1478.

12. — *Vitæ sanctorum* [1]. In-folio, vélin, douzième siècle.

871. — THOMAS CANTIMPRATENSIS, *de naturis deorum* [2]. In folio, vélin, quatorzième siècle.

408. — NICOLAS ORESME, *les morales d'Aristote traduites en françois* [3]. In-folio, papier, quinzième siècle.

212. — *Prières pour toutes les heures du dimanche de la Passion* [4]. In-folio, vélin, quatorzième siècle, miniatures et figures grotesques très-curieuses.

6. — *Digestum vetus*. In-folio, 3 volumes, vélin, quatorzième siècle, miniatures.

4. — JUSTINIANI *codicis novem priores libri, cum glossa*. In-folio, vélin, quatorzième siècle, charmantes miniatures.

136. — JUSTINIANI *codicis libri IX, cum glossis*. In-folio, vélin, quatorzième siècle, miniatures.

499. — MARTINI STREPI *margarita Decreti* [5]. In-quarto, vélin, quinzième siècle.

---

1. Acheté par le bibliothécaire de Saint-Victor en 1663. Voyez p. 53.

2. Ouvrage encore inédit. Thomas de Cantimpré ou de Chantpré mourut, suivant Juste-Lipse, en 1263.

3. Traduction entreprise par ordre de Charles V, et imprimée à Paris en 1488. Cet exemplaire a été écrit en 1423.

4. Jordan, qui avait vu ce manuscrit à la bibliothèque de Saint-Victor, prétend qu'il « a appartenu à une reine de France. » *Histoire d'un voyage littéraire*, p. 72.

5. Le *Margarita Decreti* est de Martin le Polonais ; il a été imprimé à Strasbourg en 1186.

345.—*Liber dictus Martiniana, de concordan-
tia Decretorum et Decretalium, a fratre* MARTINO,
de ordine fratrum prœdicatorum [1]. In-folio, vélin,
quatorzième siècle.

597.—YVONIS CARNOTENSIS *parva decreta* [2]. In-
folio, vélin, douzième siècle.

157.—YVONIS CARNOTENSIS *liber canonum* [3]. In-
folio, vélin, douzième siècle.

35.—*Summa magistri* JOANNIS FLAVENTINI *in
Decreta Gratiani.* In-folio, vélin, treizième siècle.

926.—BARTHOLOMEI BRIXIENSIS *brocardica in
jure canonico* [4]. In-quarto, vélin, quatorzième
siècle.

587.—RAINERII PERUSINI *ars notaria.* In-quarto,
vélin, quinzième siècle.

269.—GUILLELMUS DE BROLIO, *stylus curiæ Par-
lamenti* [5]. In-folio, papier, seizième siècle.

207.—BARTHOLUS, *de tyranno.* In-folio, papier,
quinzième siècle.

387.—*Ordonnances extraites des livres noir,*

---

1. Sur Martin le Polonais et les ouvrages qui lui ont été attribués,
voyez A.-F., *Recherches sur la bibliothèque de l'église Notre-
Dame de Paris au treizième siècle*, p. 9.

2. Cet ouvrage a été publié à Bâle en 1499, puis à Louvain en
1561, sous le titre de *Pannormia.*

3. Imprimé en 1561. Yves de Chartres vivait au onzième siècle.

4. Barthélemy de Bresse, professeur de droit canon, mourut vers
1258 ; il a laissé plusieurs ouvrages de jurisprudence.

5. Imprimé à Paris, par G. Eustache, vers 1500.

blanc petit, rouge vieil, et vert vieil et neuf du Chastelet, touchant la police des arts et métiers de la ville de Paris[1]. In-folio, papier, dix-septième siècle.

1070.—*Registres du Parlement de Paris*[2]. In-folio, 37 volumes, papier, moderne.

1073. — *Registres de la Tournelle*[3]. In-folio, 3 volumes, papier, moderne.

1076.—*Registres de la chambre des Comptes*[4]. In folio, 5 volumes, papier, moderne.

1107.—*Procès de Gilles de Laval, maréchal de Retz*[5]. In-quarto, papier.

610.—BERNARDI DE GORDONIO *lilium medicinæ*[6]. In-quarto, vélin, quatorzième siècle.

145.—CONSTANTINI *theorica et practica medicinæ*[7]. In-folio, vélin, treizième siècle, miniatures.

---

1. Ce manuscrit, qui date de 1671, commence aux ordonnances du roi Jean (1350).

2. Commence le 12 novembre 1364 et finit en 1616, mais il y a une lacune de cinquante-quatre ans.

3. De l'année 1312 à l'année 1594.

4. De l'année 1254 à l'année 1500.

5. Ou mieux de Rays ; il était chambellan de Charles VII, et fut pendu en 1440.

6. Bernard de Gordon mourut en 1320. Son *Lilium medicinæ* fut composé vers 1305.

7. Constantin l'Africain, médecin carthaginois, mourut au Mont-Cassin, en 1037. Il a fait plusieurs traductions. Sur ce médecin et sur le précédent, voyez A.-F., *Recherches sur la bibliothèque de la Faculté de médecine de Paris*, p. 141 à 143.

711.—JOANNES DE SANCTO AMANDO, *distinctio quorumdam librorum Hypocratis et Galeni* [1]. In-folio, vélin, quatorzième siècle.

218.—GUILLELMI DE SALICETO *chirurgia*. In-folio, vélin, treizième siècle, miniatures.

712.—JOANNES BURIDANUS, *in libros physicorum et meteororum quæstiones* [2]. In-folio, papier, quatorzième siècle.

875.—PTOLOMÆI PHILADELPHII *liber Almagesti de scientia stellarum et motuum cælestium* [3]. In-folio, vélin, treizième siècle.

900.—ALFRAGANUS, *de scientia astrorum*. In-quarto, vélin, quatorzième siècle.

807.—HERMANNUS, *de astrolabio* [4]. In-octavo, vélin, treizième siècle.

361.—*Heures du lever et du coucher du soleil pendant les douze mois de l'année*. In-folio, papier, quinzième siècle.

---

1. Jean de Saint-Amand était chanoine de Tournai, et vécut vers l'an 1200. Sur ce manuscrit, voyez Chomel, *Essai historique sur la médecine en France*, p. 177 et 178.

2. Jean Buridan mourut en 1358; l'ouvrage qui est mentionné ici a été imprimé à Paris en 1516.

3. L'*Almageste* a eu de nombreuses éditions. L'auteur, Claude Ptolémée, qui était né à Péluse, est souvent désigné sous le nom de *Ptolemæus Pheludiensis*.

4. Hermann Contractus mourut en 1054. Son traité *De utilitatibus astrolabii* a été publié par Pen, dans le t. III de son *Thesaurus anecdotorum*.

647.—*Tabulæ eclipsium solis et lunæ ab anno 1352 ad 1386, cum canone* PETRI DE DACIA. In-quarto, vélin, quatorzième siècle.

979.—*Question où l'on examine si la lune de Mars est la lune paschale.* In-quarto, papier, moderne.

63.—*Ostensio sanctorum septem dormiensium.* —GALFREDI MONEMUTHENSIS *de dictis Merlini* [1]. In-folio, vélin, douzième siècle.

723.—*De præstigio magorum.—De divinationibus.—De natura, dæmonum.—Quomodo dæmones decipiunt homines.* In-folio, vélin, douzième siècle.

906.—JOANNIS BRIDLENGTONENSIS *carmina vaticinalia.* In-quarto, vélin, quatorzième siècle.

337.—*Le roman de* SYDRAC, *philosophe et astronome* [2]. In-folio, vélin, quatorzième siècle, miniatures.

255.—*De purgatorio sancti Patricii* [3]. In-folio, vélin, treizième siècle.

742.—PRISCIANI *grammatici libri XVI* [4]. In-folio, vélin, douzième siècle.

---

1. Geoffroi de Monmouth a écrit sur les prophéties de Merlin plusieurs ouvrages qui ont été imprimés; il mourut en 1151.

2. Imprimé dès le quinzième siècle.

3. Sur le purgatoire de saint Patrice, légende qui paraît remonter seulement au douzième siècle, voyez Matthieu Pàris, *Historia major*, année 1153.

4. Imprimés à Venise en 1470

765.—Prisciani *minoris libri grammatici.* In-quarto, vélin, douzième siècle.

798.—*Summa quædam de tota grammatica.* In-quarto, vélin, treizième siècle.

746.—*Le mirouer des nouveaulx escoliers, ou dictionnaire latin et françois des mots du Catholicon.* In-quarto, papier, quinzième siècle.

873.—Boetii *commentum in topica Ciceronis*[1]. In-folio, vélin, onzième siècle.

361.—*Notables moraux* de Christine de Pisan à *son fils*[2].—*Les dits de* Caton *à son fils*[3]. - Saint-Pierre de Luxembourg *à sa sœur sur sa conduite*[4]. In-folio, papier, quinzième siècle.

657.—Catonis *liber cum commento*[5]. In-quarto, vélin, treizième siècle.

19.—Philippus de Pergamo, *lectura seu compi-*

---

1. Ce commentaire figure dans les œuvres de Boèce qui ont été imprimées à Venise en 1491.

2. Les manuscrits de cet ouvrage sont très-nombreux.

3. Il s'agit ici des *distiques moraux* ou *præcepta ad filium* de Dionysius Caton; ils ont joui d'une grande vogue au moyen âge, et ont été imprimés dès 1475.

4. Pierre de Luxembourg fut évêque de Metz et cardinal, il mourut en odeur de sainteté vers 1387. Voici le titre complet de l'ouvrage qui est mentionné ici : *Livre de monsieur saint Pierre de Luxembourg qu'il adressa à l'une de ses sœurs pour la détourner de l'état séculier.*

5. Ce volume a été écrit en 1289.

latio supra librum Catonis [1]. In-folio, vélin, quinzième siècle, miniatures.

681.—Christine de Pisan, *la cité des dames* [2]. In-folio, papier, seizième siècle.

821 —Pierre Michault, *la danse aux aveugles* [3]. In-folio, vélin, quinzième siècle, miniatures.

611.—Petri de Riga *aurora* [4]. In-quarto, vélin, treizième siècle.

901.—*Epistres d'Ovide, traduites en françois par* Octavien de Saint-Gelais [5] In-quarto, papier, quinzième siècle, miniatures.

624.—*Moralité faite au collége de Navarre le jour de Saint-Antoine 1431, à cinq personnages.* In-quarto, papier, quinzième siècle.

394.—Alain Chartier, *œuvres diverses.* In-folio, vélin, quinzième siècle, miniatures.

---

1. On donnait alors le nom de *lectura* à tout commentaire détaillé sur un ouvrage quelconque.

2. *Le trésor de la cité des dames, ou livre des trois vertus pour l'enseignement des princesses,* composé vers 1406, imprimé à Paris, chez Vérard, en 1497.

3. Imprimé pour la première fois à Genève vers 1480.

4. Pierre de Riga mourut vers 1263. Son curieux poëme, dont il existe de très-nombreux manuscrits, est encore inédit. Un autre exemplaire du même ouvrage est inscrit dans le même fonds sous le n° 648.

5. Ce manuscrit a été achevé en 1496. Il a été imprimé en 1509, puis en 1544 sous ce titre : *Les 21 epîtres d'Ovide, translatées de latin en françoys par reverend pere en Dieu monseigneur l'evesque d'Angoulesme.*

444. — JOANNES DE GALLANDIA [1], *facetiæ.* In-quarto, papier, quatorzième siècle.

92. — *Le roman de la rose.* In-folio, vélin, quatorzième siècle, miniatures.

288. — LAMBERT LI CORS, *le roman d'Alexandre* [2]. — PIERRE DE SAINT CLOOT, *le testament d'Alexandre.* — JEAN LI NEVELOUS, *vengeance de la mort d'Alexandre.* — JACQUES DE LONGUION, *les vœux du paon.* In-folio, vélin, treizième siècle, miniatures.

275. — EUSTACHE MOREL, *ballades et poesies.* In-folio, papier, quinzième siècle.

866. — *Les métamorphoses d'Ovide moralisées et mises en vers françois par* PHILIPPE DE VITRY, *à la requeste de Jeanne, reine de France.* In-folio, papier, quinzième siècle.

1000. — ARNULPHI LEXOVIENSIS *epistolæ* [3]. In-quarto, vélin, treizième siècle.

44. — POGII *epistolæ* 250 [4]. In-folio, papier, quinzième siècle.

---

1. Jean de Garlande vivait au treizième siècle. Son *Facetus,* poëme moral composé de cent trente-sept distiques, a été imprimé à Lyon en 1489.

2. Ce poëme a été imprimé à Stuttgard en 1846; il se compose de plus de vingt mille vers de douze syllabes, d'où, croit-on, l'expression *vers alexandrins.*

3. Arnoul de Lisieux mourut à Saint-Victor en 1183; ses *epistolæ* ont été publiées par Turnèbe en 1585.

4. Souvent réimprimées.

10. —Josephi *antiquitates Judaïcæ*. In-folio, vélin, douzième siècle.

47.—Guillelmus de Nangis, *chronicon ab initio mundi ad annum* 1300[1]. In-folio, papier et vélin, quatorzième siècle.

`213 —Titi-Livii *historiarum libri XXX*. In-folio, vélin, quinzième siècle, miniatures[2].

584.—Aimoini *chronica de gestis Francorum a Pharamundo ad Pepinum, et a Pepino ad Philippum Augustum*[3]. In-quarto, vélin, treizième siècle.

457.—Bedæ *chronicæ*[4]. In-quarto, vélin, onzième siècle.

415.—Joannis Mauburni, *venatorium canonicorum regularium*[5]. In-quarto, papier, quinzième siècle.

567.—*Parvum memoriale regum Franciæ*. In-quarto, vélin, treizième siècle.

580.—Hugonis Floriacensis *historia Franco-*

---

1. Cette chronique a été publiée pour la première fois par Luc d'Achéry, dans le tome XI de son *Spicilegium*.

2. La lettre initiale de chaque titre représente le portrait d'un empereur.

3. Aimoin mourut en 1008. Sa chronique, qui n'est qu'un tissu de fables et de légendes, a été imprimée à Paris en 1514.

4. Bède le Vénérable mourut vers 735. Cette chronique a été imprimée pour la première fois en 1474.

5. Jean Mauburne ou Momboir mourut en 1503. Voici le titre complet de son livre : *Venatorium investigatorium sanctorum canonicis ordinis*. Cette chronique est inédite.

rum ab eorum exordio [1]. In-quarto, vélin, treizième siècle.

283.—*Chronique du siége d'Orléans par les
Anglois en 1428, et de la levée du siége par Jeanne
la Pucelle.* — *Processus in causa fidei contra
quamdam mulierem Joannem, vulgariter dictam
la Pucelle.* In-folio, vélin, seizième siècle.

472.—THOMÆ DE COURCELLES *epistola pro concilio Basiliensi* [2]. In-quarto, quinzième siècle.

1016.—*Nomina et scripta authorum qui inter-
fuere concilio Tridentino.* In-quarto, papier,
moderne.

1097.—*Mémoires de* JUVÉNAL DES URSINS [3]. In-
folio, 2 volumes, papier, moderne.

690.—*Funérailles de la reine Anne de Bretagne, en vers et en prose, par* BRETAIGNE *son
premier hérault* [4]. In-folio, vélin, seizième siècle
miniatures.

---

1. La chronique d'Hugues de Flavigny a été publiée pour la première fois dans le tome Ier du *Bibliotheca nova* du P. Labbe.

2. Ce Thomas de Courcelles fut chargé de lire à Jeanne d'Arc
l'acte d'accusation dressé contre elle, il vota pour sa mort et assista
à son supplice. — Son frère, Jean de Courcelles, donna en 1494 à
l'église Notre-Dame de Paris un précieux recueil de pièces sur le
concile de Bâle.

3. Publiés par Godefroy en 1614, sous ce titre : *Histoire de
Charles VI, roy de France, et des choses memorables adrenues
durant quarante-deux années de son regne, depuis 1380 jusqu'en 1422.*

4. Ce volume a été publié en 1858, chez A. Aubry, par

1086.—*Mémoires du chancelier de* L'HOSPITAL[1]. In-folio. papier, moderne.

1089.—*Mémoires historiques, politiques et militaires de* GUILLAUME DE SAULX DE TAVANNES[2]. In-folio, 2 volumes, papier, moderne.

1021.—*Relation de ce qui s'est passé à la mort de Louis XIV.* In-quarto, papier, moderne.

269. — *Canonisatio beati Ludovici regis.* In-folio, papier, seizième siècle.

523.—*Institution de l'ordre de chevalerie du croissant par Nicolas V.* In-quarto, papier, quinzième siècle[3].

510.—*Privilegia et origo monasterii Sancti Michaelis in Monte.* In-quarto, vélin, douzième siècle.

669.—*Du roi d'armes françois nommé Montjoie.* In-quarto, papier, seizième siècle.

515.—*Confession de J. de Bar brulé à Paris pour cause de magie.* In-quarto, papier, quinzième siècle.

1121.—*Recueil de généalogies des principales Maisons de France.* In-folio, 2 volumes, papier, moderne.

MM. Merlet et de Gombert. — L'exemplaire que nous décrivons a été écrit l'année même de la mort d'Anne de Bretagne.

1. Publiés en 1672.
2 Souvent imprimés.
3. Le texte est accompagné de blasons coloriés.

262.—*Annotatio provinciarum et urbium Gallicanarum, cum privilegiis suis.* In-folio, vélin, douzième siècle.

642.—*De laudibus urbis Parisiorum.* In-quarto, vélin, treizième siècle.

1006.—*Table des chartes et titres du trésor de la Sainte-Chapelle.* In-folio, papier, moderne.

999.— *Testament de Philippe de Maizières*[1]. In-quarto, papier, moderne.

879.—*Le jeu des échecs moralisé et traduit du latin par* Jean de Vignay. In-quarto, vélin, quatorzième siècle, miniatures[2].

202.—*Historia Asenech filiæ Putipharis uxoris Josephi.* In-folio, vélin, douzième siècle.

---

1. Philippe de Mézières se retira en 1379 au couvent des Célestins, et lui laissa tous ses biens. Ce document très-curieux n'est malheureusement qu'une copie.

2. Cet ouvrage figure déjà dans le catalogue de la bibliothèque du roi Charles V, qui fut dressé par Gilles Mallet en 1372. Voici le prologue de Jean de Vignay : « A tres noble et excellent prince Jehan de France, duc de Normandie et aisné fils de Philippe, par la grace de Dieu roy de France. Je, Jehan de Vignay, vostre petit religieux entre les aultres de voustre seigneurie, paix, santé et joye, et victoire sur vos ennemis. Tres cher et redoubté Seigneur, pour ce que j'ay entendu et sçay que vous véez et ouez volentiers choses proufitables et honnestes, et qui tendent à l'information de bonnes mœurs, ay je mis un petit livret de latin en françoys, lequel m'est venu à la main nouvellement. » On n'est pas d'accord sur le nom de l'auteur de cet ouvrage ; on l'attribue soit à Gilles de Rome , soit à Jacques de Césole.

843.—Jordanus Nemorarius, *de ponderibus.* In-folio, vélin, quatorzième siècle.

817.—*Traité des monnoyes, de leur fabrique, valeur,* etc. In-quarto, papier, seizième siècle.

721. — Petrus de Crescentiis, *de ruralibus commodis*[1]. In-folio, vélin, quatorzième siècle.

30.—Joannes Boccacius de Certaldo, *de genealogia deorum*[2]. In-folio, vélin, quinzième siècle.

797.— Richardus de Bury, *de amore et custodia librorum, vel Philobiblion*[2]. In-quarto, vélin, treizième siècle.

Parmi les ouvrages précieux que possédait encore l'abbaye, figurait la traduction des *problèmes* d'Aristote, faite pour le roi Charles V par Évrard de Conty : *Evrardus de Conti,* dit Naudé, *luculentum commentarium problematum Aristotelis, in gratiam sui regis, lingua vernacula edidit; qui etiamnum hodie, in instructissima Sancti Victoris extra muros bibliotheca, inter magni nominis manuscriptos codices, diligenter asservatur*[4].

---

1. *L'opus ruralium commodorum* de Pierre Crescenzi fut imprimé pour la première fois à Paris en 1471.

2. C'est le premier ouvrage moderne où l'on ait rassemblé toutes les notions mythologiques éparses dans les auteurs de l'antiquité. Boccace mourut à Certaldo en 1395. Ses œuvres complètes ont été publiées en 1827 à Florence.

3. Souvent réimprimé, et en dernier lieu par H. Cocheris, A. Aubry, 1856, in-8°.

4. G. Naudé, *de antiquitate et dignitate scholæ medicæ Parisiensis,* p. 44.

G. Naudé rapporte ailleurs qu'on conservait aussi, à l'abbaye de Saint-Victor, « un vieil Caton, » sans doute les distiques de Dionysius, et que, sur la première page, se trouvait la mention suivante, qui montre le prix qu'on attachait alors aux livres, et confirme ce que nous avons dit du zèle que déploya l'abbé Lamasse pour enrichir la bibliothèque de son couvent : *Ego Petrus de Siaco, Rector Montis...., Parisius commorans, confiteor vendidisse venerabilibus Religiosis Dominis Abbati et Conventui Sancti Victoris juxta Parisius, hunc præsentem librum pro pretio 20. scutorum, quœ confiteor accepisse per manum Fratris Joannis la Masse Prioris dicti Monasterii, die I. Augusti anni 1422. teste signo meo manuali, promittens eumdem librum defendere et garentisare* [1].

Peiresc disait avoir vu, dans cette bibliothèque, un recueil de toutes les pièces de la procédure instruite contre Jeanne d'Arc. Cette collection avait été rassemblée par Nicaise Delorme, abbé de Saint-Victor et contemporain de l'événement [2]; il

1. G. Naudé, *Additions à l'histoire de Louis XI, avec plusieurs pièces,* etc., p. 43.

2. Jacquemart, *Remarques historiques sur les abbayes, collégiales,* etc., *supprimées,* p. 144. Piganiol de la Force, *Description de Paris,* t. V, p. 286. Voyez ci-dessus, p. 87. Presque tous les ecclésiastiques qui siégèrent au procès de Jeanne d'Arc recu-

« demeuroit alors au diocese d'Orleans, il fit transcrire le liure de Ieanne la Pucelle, son procez fait
par les Anglois à Roüen, et sa Iustification, et
l'apporta à sainct Victor[1]. »

Mentionnons enfin « un manuscrit sur des tablettes de bois enduites de cire. Ces tablettes sont
composées de quatorze gros feuillets, y compris
la couverture, dont la partie intérieure fait le
commencement et la fin. Elles sont plus lon-
gues et plus larges que celles que l'on voit
ailleurs. Leur conservation est parfaite, et l'on n'y
rencontre presque point de lacunes. Elles con-
tiennent les dépenses faites par Philippe le Bel
pendant une partie de ses voyages, depuis le 28
avril 1301 jusqu'au 31 mars 1302[2]. »

On sait que le poëte Santeuil était religieux de
Saint-Victor. Nous avons trouvé, à la bibliothèque
Mazarine, un charmant exemplaire, réglé et doré
sur tranche, de ses poésies. On lit sur la feuille
de garde :

---

rent un exemplaire des pièces de la procédure. Nous avons dit ailleurs que Guillaume Chartier, évêque de Paris, légua le sien au
chapitre de son église. Voyez A.-F., *Recherches sur la bibliothèque publique de l'église Notre-Dame de Paris au treizième
siècle*, p. 51 et 54.

1. Dubreuil, *Theatre des antiquites de Paris*, p. 319.

2. Leprince, *Essai historique sur la bibliothèque du roi*, p. 338.
Voyez encore Jordan, *Histoire d'un royage littéraire*, p. 72.

Bibliotheca
Victorinœ
si non multum
addat honoris,
nostri saltem
addet pretium
amoris.
Santolius Victorinus,
15 aprilis 1695 [1].

La Bibliothèque de Saint-Victor renfermait encore, outre les richesses géographiques laissées
par Nicolas de Tralage, une « superbe » collection d'estampes [2], dont nous avons fait connaître
l'origine.

B. de Montfaucon, dans son *Bibliotheca Biblio-
thecarum,* a donné le catalogue d'une partie des
manuscrits que possédait l'abbaye en 1739 [3], et
un recueil de pièces, conservé à la bibliothèque
Mazarine [4], fournit des renseignements curieux
sur plusieurs d'entre eux [5].

---

1. Bibliothèque Mazarine, *nouveau fonds,* littérature, n° 3312.
2. Thiéry, *Guide des amateurs et des étrangers voyageurs à Paris,* t. II, p. 162.
3. Tome II, p. 1369.
4. *Manuscrits,* n° H 2777, p. 270 et suiv.
5. Voyez encore Maichelius, *Introductio ad historiam literariam,* p. 99 et suiv.

Les Victorins étaient très-prodigues d'inscriptions sur leurs volumes. A la fin des manuscrits, on lit très-fréquemment le nom du religieux qui l'a exécuté, puis des anathèmes contre ceux qui déroberaient le volume, ou des prières de le rapporter. Voici, dans ce cas, les formules les plus usitées; nous les avons vues répétées jusqu'à quatre fois dans le même manuscrit : *Iste liber est Sancti Victoris Parisiensis; quicumque eum furatus fuerit, vel celauerit, vel titulum istum deleuerit, anathema sit. Amen.* La suivante est moins fréquente : *Hic liber est Sancti Victoris Parisiensis, quis inueniens ei reddat amore Dei.*

Au bas du premier feuillet des plus anciens manuscrits, on trouve en général les armes de l'abbaye, assez mal coloriées, avec ces mots : *Jesus, Maria, S. Victor. S. August.*

Quant aux inscriptions placées sur le titre des volumes imprimés, elles varient peu. La plus commune est celle-ci :

Ex bibliotheca Sancti Victoris Parisiensis,

qui s'abrége très-souvent ainsi :

Ex bibl. S. Vict. Par.

On lit aussi, mais rarement, ces mots :

De la Bibliothéque de S. Victor.

Nous reproduisons ici la grande marque que

l'abbaye mettait sur les plats de presque tous
ses volumes. Il existait une autre estampille,
très-simple et fort laide, qui se plaçait sur le
titre même de l'ouvrage; elle représente une
espèce d'étoile surmontée d'une mitre, et ac-
compagnée de ces mots : Bibl. S. Vict. On rencontre assez fréquemment, sur le dos des volumes, entre chaque nerf, une autre marque
très-petite, assez jolie, et où figurent également
une mitre et une crosse. Parfois encore figurent,
sur les plats, une S et un V accolés; l'S est surmontée d'une mitre, et le V d'une crosse dont le
bâton s'alonge entre les deux jambages de la
lettre.

L'abbaye de Saint-Victor fut supprimée en
1792; mais ses bâtiments restèrent debout jus-

qu'en 1815. Ils furent alors démolis pour faire place à l'entrepôt des vins. Sur une fontaine située au coin de l'un des murs de clôture, on lisait encore, il y a peu d'années, l'inscription suivante, due à la plume élégante de Santeuil :

> Quæ sacros doctrinæ aperit Domus intima fontes,
> Civibus exterior dividit urbis aquas.

C'était rappeler en beaux vers la vraie gloire de l'abbaye de Saint-Victor.

APPENDICE

EXTRAIT DU CATALOGUE

DE LA

Bibliothèque de l'abbaye de Saint-Victor

Dressé en 1513

PAR CLAUDE DE GRANDRUE [1]

IN LAUDEM BIBLIOTHECÆ SANCTI VICTORIS.

Ad introeuntem.

Qui tibi grammaticos, qui rhetora, quique poetas,
Siue machaonis visere queris opem,
Siue libet sophie textus, seu gesta priorum,
Et legere historias, huc sine fraude veni.

---

1. Voyez ci-dessus, p. 29. Nous reproduisons textuellement les neuf premières pages de ce précieux manuscrit. (Bibliothèque Mazarine, n° II 1358.)

Quicquid achademij quondam scola protulit orti,
    Seneca quicquid agit, seu plato doctus habet,
Quicquid herastotenes, apuleius, et ptholomeus
    Disserit orthigono, tum digito, atque polo,
Quicquid aristoteles frenandiis tradidit Argis,
    Seu sacra jura docent, hic reperire licet.
Quid multis teneor fixum tibj pectore serua ;
    Quod non Victor habet nec regio ulla tenet.
Cresi diuitias vincentem Victor abunde
    Hic aperit gazam plenus amore suam.
Hoc vel pro tantis contende rependere donis
    Ut nichil abripias, nilque perire sinas [1].

euerendo patri domino nicasio de ulmo, sacri cenobij sancti uictoris iuxta parisios canonicorum sancti augustinj religiosissimo abbati, frater Claudius de grandiuico, deuotus eius religiosus, obedientiam et deuotam subiectionem.

---

1. Une main plus moderne a ajouté : *Huius epigrammatis conditor est Cornelius Todensis, canonicus regularis, vt Joannes Menburnus testatur in Stellario S. Victoris Paris.*

niunctum michi onus, tametsi minus sufficienti et idoneo, obseruandissime pater, de colligendo totius insignis bibliothece religiose domus nostre indice, bene laboribus nostris aspirante deo, et coadiuuantibus deuotorum religiosorum patrum et confratrum meorum precibus, tandem absolui[1].

Absolutum uero et transcriptum, reuerendissime, paternitati tue, tamquam humilis obedientie filius, supplex offero, ut benigne, tamquam pater, suscipias; et uel approbes quod iussisti, uel si quid erit augendum, minuendum, addendum, aut distrahendum, id michi, censura tua et benignitate, iubeas; ignoscasque, et tu et uenerabiles domus patres, si quid erratum sit aut omissum.

Et si placet, et ita iudicabitur bonum, in armario bibliothecarij obtineat locum, ad utilitatem introeuntium; ut ipsi, ex prompto repertorio, citius que cupient adipiscantur, euadantque uoti sui compotes. Quam rem scio tibi, reuerende pater, maxime placituram; ut qui summopere cupis et

---

1. Il n'y a aucune ponctuation, aucun alinéa dans l'original.

studes in hoc ipso communi studiosorum consu‑
lere bono, utilitati atque commodo.

Inspecto enim hoc indice librorum ac reperto‑
rio quod in procinctu habebitur ex authoribus
et librorum nominibus, ac titulis ordine alphabe‑
tico digestis in signatis pulpitis, cito quod quis‑
que desiderabit comperiet; habiturus tandem tibi
pro hac quam precepisti diligentia gratias.

Ad quod facilius adhuc assequendum, huic ad
te in opere abs te iniuncto prefatiuncule, breuem
quamdam, ad faciliorem judicis intelligentiam,
subnectemus annotaciunculam.

Vale, obseruandissime pater, et uiue Christo, et
in hac uita longeuus et in futura perennis.

Anno Christi 1513°.

reuis annotatiuncula quam sequentes
bibliothecarios ignorare non oportebit
hec est.

Pulpita triplici alphabeto esse signata.

Primus ordo pulpitorum, simplici alphabeto
A. B. C. et reliquis simplicibus litteris, signatur.

Secundus ordo, duplicato alphabeto, hoc pacto
AA. BB. et reliquis.

Tercius, ter resumptis litteris, hoc modo AAA.
BBB. atque ita deinceps.

Et his litteris in unoquoque ordine minori apponuntur |. 2. 3. 4. 5. et consequentes, qui ostendunt situm librorum petitorum et inueniendorum.

Inuenienda autem hac libraria, secundum ordinem alphabeti, interdum per nomina authorum sunt signata, interdum per nomina librorum; aliquando per materie de qua tractant expressionem, preposita hac prepositione *de;* aliquando etiam per hec uocabula: *liber, tractatus. notabilia, moralia* [1], que inuenientur in pulpitis sui alphabeti et in suis numeris cum littera sua.

Verum id non puto scitu difficile aliquantulum in hoc indice uersato. Ideo ne uidear nimium in docenda minerua in ipsis foribus uelle diutius insistere; satius arbitror ad principalem instituti mei intentionem stilum amodo connectere [2].

---

1. Aucun de ces mots n'est souligné dans l'original.
2. Toute cette introduction est sur vélin; le reste du manuscrit est en papier.

NDEX NOUUS EORUM QUE IN BIBLIOTHECA CENOBII SANCTI UICTORIS CONTINENTUR, A FRATRE CLAUDIO COLLECTUS, AUXILIANTE DEO, FELICITER INCIPIT.

De littera A ante B

1. Le mot *abacus*, dont les sens étaient primitivement très-nombreux, désignait souvent au moyen âge l'arithmétique.

— 105 —

Abbatis lectura [1] super quinque libros
decretalium.   o. 9.

Abbatis lectura super quinque libros
decretalium.   q. 5.

Absalonis, abbatis sanctj victoris [2], sermones.   jj. 10.

Absalonis, abbatis sanctj victoris, sermones.   jj. 13.

De littera A ante C

Accidentia donatj.   jjj. 25.
Achab, helie, helizer et naaman, de
ipsis quedam.   ee. 20.
Acron super oratium [3].   kkk. 25.

De littera A ante D

Adam [4] super quatuor libros sententiarum.   m. 4.

---

1. Sur le sens du mot *lectura*, voyez la note 1, p. 84.
2. Absalon, septième abbé de Saint-Victor, mourut en 1203. Il a
composé cinquante et un sermons qui ont été imprimés à Cologne
en 1534.
3. Ouvrage imprimé, dès 1474, à Milan.
4. Adam de Saint-Victor mourut en 1177; il fut inhumé dans le

cloître de l'abbaye. Jusqu'à la Révolution on y lut son épithaphe, qui est aujourd'hui conservée à la bibliothèque Mazarine. Voyez A.-F., *Histoire de la bibliothèque Mazarine*, p. 260.

1. Adélard était bénédictin. Vers 1530, il traduisit Euclide en latin.

De littera A *ante* I

De littera A ante L A sequente

1. Alain de Lille (*Alanus de Insulis*) mourut vers 1200. Sa vie est très-peu connue.

2. Cinq exemplaires de cet ouvrage sont inscrits à la suite de ceux-ci.

3. Imprimé sous ce titre : *De planctu naturæ ad Deum, sive enchiridion de rebus naturæ.*

4. Poëme encyclopédique qui a été imprimé à Bâle en 1536, sous ce titre : *Anticlaudianus, sive de officio viri boni et perfecti.*

5. Ce travail est dédié à Henri de Sully, qui fut archevêque de Bourges de 1181 à 1200.

6. Imprimé à Paris en 1540.

Albericus Condomensis de expositione
fabularum pœtarum.   *b.* 6.

Albericus Condomensis de expositione
fabularum pœtarum.   *hhh.* 11.

Albertani brixiensis causidjcj de amore
dej liber.   *q.* 17.

Albertani brixiensis de amore proximj
liber.   *q.* 17.

Albertani de amore aliarum rerum cor-
poralium vel incorporalium.   *q.* 17.

Albertanus de amore dej.   *jj.* 17.

Albertanus de amore proximj.   *jj.* 17.

Albertanus de amore rerum corpora-
lium et incorporalium [1].   *jj.* 17.

Albertanus de consolatione et consilio [2]. *jj.* 17.

Albertanus de doctrina dicendj et ta-
cendj [3].   *q.* 17.

Albertanus de forma vite [4].   *q.* 17.

Albertanus de dogmate philosophorum. *bbb.* 5.

Albertanus de officio judicis circa vin-
dictam.   *bbb.* 5.

Albertanus de vindicta facienda, vel vi-
tanda, vel temperanda.   *bbb.* 5.

---

1. Suivent six mentions semblables.
2. Suivent deux mentions semblables.
3. Suivent trois mentions semblables.
4. Suivent deux mentions semblables.

Albertani sermones quidam.	*jj.* 17.
Albertani quidam sermo.	*q.* 17.
Albertj magni liber de causis.	*h.* 1.
Alberti commentum super libros logice.	*b.* 12.
Alberti commentum super librum diuisionum boecij.	*b.* 12.
Alberti commentum super librum diuisionum boecij.	*b.* 13.
Alberti commentum super libros priorum aristotelis[1].	*b.* 13.
Alberti commentum super libros posteriorum aristotelis.	*b.* 14.
Alberti commentum super duos libros elenchorum (?) aristotelis.	*b.* 14.
Alberti commentum super octo libros phisicorum aristotelis.	*b.* 15.
Alberti commentum super quatuor libros metheororum aristotelis.	*b.* 17.
Alberti commentum super tredecim libros mechanice aristotelis.	*h.* 6.
Alberti commentum super duos libros de generatione.	*h.* 6.

1. On sait qu'Albert le Grand fit une partie de ses études à Paris; il y professa ensuite. Ses leçons sur Aristote eurent un tel succès que, faute de salle assez vaste, il dut les faire en plein air, sur une place à laquelle on donna son nom : *place de Maître-Albert* ou *Aubert*, puis *place Maubert*; dans les environs se trouve encore aujourd'hui la *rue Maître-Albert*.

— 111 —

Alberti commentum super octo libros
politicorum. *h.* 8.

Alberti commentum super secundum
phisicorum, de monstris nature. *lll.* 8.

Alberti commentum super tercium
decimum librum mechanice aristotelis. *lll.* 20.

Alberti commentum super octo topicorum aristotelis. *b.* 13.

Alberti commentum super libros de
celo et mundo. *b* 16.

Alberti commentum super tres libros
de anima. *b.* 18.

Alberti commentum super decem libros
ethicorum aristotelis, cum textu. *h.* 8.

Alberti commentum super decem libros
ethicorum aristotelis. *pp.* 16.

Alberti commentum super decem libros
ethicorum aristotelis, cum textu. *ooo.* 24.

Alberti commentum super librum beatj
dyonisij de celeste iherarchia, cum
textu ipsius beatj dionisij. *b.* 5.

Alberti commentum super eumdem de
ecclesiastica ierarchia, cum textu. *b.* 5.

Albertj commentum super eumdem de
mistica theologia. *b.* 6.

Alberti commentum super decem libros
de animalibus aristotelis. *h.* 4.

Alberti commentum super alios libros
aristotelis de animalibus, cum septem alijs libris ab eodem editis.　　　*h.* 5.

Alberti commentum super decem epistolas dyonisij.　　　*g.* 6.

Alberti compendium philosophie natu-
ralis.　　　*h.* 2.

Alberti compendium theologie.　　　*g.* 10.

Albertus de corpore christi.　　　*g.* 4.

Albertus de corpore christi.　　　*kkk.* 19.

Alberti expositio in librum dyonisij
super celestem iherarchiam.　　　*ooo.* 24.

Alberti expositio topicorum boecij. In-
complet.　　　*g.* 12.

Alberti expositio super librum de celo
et mundo.　　　*lll.* 14.

Alberti expositio super psalterium. In-
complet.　　　*d.* 6.

Alberti tractatus de fato.　　　*fff.* 10.

Albertus de intellectu et intelligibili.　*mmm.* 8.

Albertus de intellectu et intelligibilj.　　*h.* 1.

Albertus de immortalitate anime.　　　*h.* 1.

Albertus de juuentute et senectute.　　　*h.* 3.

Albertus de immortalitate anime.　　　*lll.* 20.

Albertus de laudibus virginis marie.　　*ll.* 6.

Alberti logica.　　　*g.* 11.

Albertus de memoria et reminiscen-
tia.　　　*h.* 3.

EXTRAIT DU CATALOGUE

DE LA

Bibliothèque de l'abbaye de Saint-Victor

' Dressé en 1623

PAR ETIENNE REYNARD [1]

Reuerendo in Christo Patrj Fratrj Dionisio San Germano, sancti Victoris parisiensis priorj vigilantissimo, frater Stephanus Regnardus deuotus in Christo filius, obedientiam et humilem in domino subiectionem.

Susceptum onus, obseruantissime pater, de hac

---

1. Sur ce catalogue, voyez ci-dessus, p. 35. Il est conservé à la Bibliothèque impériale, *manuscrits*, fonds de Saint-Victor, n° 916. On remarquera, au reste, que cette dédicace n'est qu'une paraphrase assez étrange de l'introduction que Claude de Grandrue avait placée en tête du catalogue de 1513, et que nous avons reproduite p. 100 et suiv.

insigni bibliotheca disponenda, et indice colligendo ac ordinando, tametsi minus idoneè et sufficienter, Deo tamen duce et te innuente, tandem absolui.

Absolutum verò, non sine magno labore, tua paternitati offero, ut benigne suscipias tanquam pater, et approbes quod, te innuente, suscepi. Si quid autem augendum venit, aut minuendum, vel distrahendum, aut corrigendum, censuras tuas ac venerabilium patrum ac fratrum judicio omnino submitto quod erratum est forsitan, aut omissum.

Et si ita visum est in ipso Bibliothecæ aditu locum obtineat, venientes et introeuntes, ex prompto repertorio citius quod cupiant adipiscantur, euadantque voti sui compotes. Quam rem scio tibi, Reuerende pater, maxime placituram; ut qui summopere cupis ac studes in hoc ipso opere communi studiosorum consulere bono, utilitate ac commodo.

Inspecto enim hoc indice librorum et repertorio alphabetico ordine digesto in singulis armarijs, imo in scientijs et tractatibus scientiarum, cito quod quisque desiderabit comperiens, habiturus tandem tibi pro labore nostro immortales gratias.

Vale itaque, obseruandissime pater, viue Christo, et in hac vita longauiuus et in futura perennis.

Tuus dilectus in Christo filius, ac animi studio totus, frater Stephanus Regnardus, canonicorum Victorinorum humilimus.

Anno Domini 1623.

SEQUITUR ORDO LIBRORUM ET TRACTATUUM PROUT IN SINGULIS ARMARIIS SECUNDUM SCIENTIAS ORDINANTUR.

EXTRAIT DU TESTAMENT

DE

Henri du Bouchet de Bournonville[1].

Pardevant Jean le Caron et Philippe Gallois, Nottaires Garde-nôtes du Roy Nostre-Sire en son Châtelet de Paris, soussignez, fut present en sa personne, Messire Henry du Bouchet, Seigneur de Bournoville, Conseiller du Roy en sa Cour de Parlement et grand'Chambre d'icelle, demeurant ruë Sainte-Croix de la Bretónnerie, Paroisse S. Jean en Gréve, lequel estant en quelque indisposition de corps, et trés-sain

---

1. Voyez ci-dessus, p. 40 et suiv. Nous reproduisons ce testament tel qu'il a été publié en 1685 par Lemaire, dans son *Paris ancien et nouveau* (t. II, p. 406). Nous avons vainement cherché à nous procurer la minute de cet acte chez MM. Mocquard et Lemaître, qui possèdent aujourd'hui les études de Jean le Caron et de Philippe Gallois.

d'esprit, memoire et entendement; considerant l'incertitude de la durée de nos jours, voulant disposer de ses affaires, a fait, dicté, et nommé ausdits Notaires son Testament et Ordonnance de derniere volonté, en la forme et maniere qui ensuit :

Au nom du Pere, et du Fils, et du S. Esprit.

Premierement, il recommande de tout son cœur son Ame à Dieu, suppliant tres-humblement sa divine Majesté....

Veut son Corps mort estre inhumé et enterré en l'Eglise S. Victor, où il élit sa Sepulture, à cause du legs qu'il fait cy-aprés de sa Biblioteque aux Religieux dudit S. Victor. Et parce que ses Livres ont esté ses plus cheres délices, il est bien-aise que son Corps soit enfermé en mesme lieu aprés son decés; afin que ceux qui auront l'usage de ses Livres pour étudier se souviennent de prier Dieu pour luy. Il desire que sondit Corps.....

Item, ayant avec beaucoup de peine et de soin travaillé depuis long-temps à faire une Biblioteque, et composé icelle des meilleurs Livres, qu'il a pû recouvrer; desirant qu'elle soit exactement conservée et entretenuë pour le bien du public à perpetuité, il a estimé ne pouvoir faire un meilleur choix, que de la mettre, comme par déposit, entre les mains de Messieurs les Chanoines Regu-

liers de l'Abbaye dudit S.Victor léz-Paris, aus-
quels il fait don et legs de sadite Biblioteque,
consistant en tous ses Livres generalement quelconques, tant Imprimez que Manuscrits, Cartes,
Stampes, Tailles-douces, Figures, ses deux Globes
et Pied-d'Estaux, Tablettes, et generalement tout
ce qui compose le Corps de sadite Biblioteque,
sans aucune chose en reserver, ny retenir. Voulant qu'aussi-tost son decés les Clefs des lieux où
sont sesdits Livres, Cartes, Stampes et Globes,
soient baillées et mises ès mains desdits Religieux,
et mesme que le scellé soit apposé sur les Serrures
et Portes desdits lieux, et qu'incontinent dèli-
vrance en soit faite ausdits Religieux par sondit
Executeur; lequel il supplie tres-instamment d'en
prendre grand soin, et de faire que le tout soit
executé avec fidelité et diligence, aux conditions
suivantes : qui sont que les gens d'étude auront la
liberté d'aller étudier en la Biblioteque de ladite
Abbaye, où lesdits Livres seront transportez, mis,
et tenus au meilleur ordre qu'il se pourra, trois
jours de la semaine, trois heures le matin et
quatre heures l'apresdiné, lesquels jours seront
le Lundy, Mercredy, et Samedy; et s'il arrive
qu'il soit Fête lesdits jours, il sera fait remise
aux jours suivans, dont le Bibliotequaire don-
nera avertissement; et à cette fin lesdits Religieux
seront tenus de faire que l'un d'eux se trouve

ausdits jours et heures en ladite Biblioteque, pour
avoir le soin de bailler et de remettre les Livres,
aprés que les Etudians en auront fait.

• Et afin que les absences desdits Religieux soient
moins à charge à ladite Maison, ledit sieur Testateur donne et legue ausdits Religieux trois cens
quarante livres un sol neuf deniers de rente, à
prendre sur les Gabelles, en deux parties à luy
appartenant, sçavoir...., pour en joüir par lesdits
Religieux à perpetuité, à commencer du quartier
payable à Bureau ouvert lors de son decés, et estre
employez aux necessitez desdits Religieux.

Et aussi, pour l'entretien de ladite Biblioteque,
ledit sieur Testateur donne et legue ausdits Religieux, trois cens soixante dix livres de rente, à
prendre sur le Clergé de France, en trois parties
à luy appartenans, l'une...., pour en joüir à commencer du quartier payable à Bureau ouvert lors
de sondit decés, à la charge qu'ils ne pourront
estre divertis ni employez à autres choses qu'à
l'achât des Livres nouveaux, et reparer ceux qui
seront en peril, ou qui en auroient besoin, et
aussi à faire mettre les Armes dudit sieur Testateur sur tous lesdits Livres, et sur ceux qui seront achetez.

Voulant ledit sieur Testateur que la glose qu'il a
vuë dans beaucoup de Manuscrits desdits Religieux, soit aussi pour les Livres qu'il leur laisse,

qui porte : *Ea conditione quod Abbas et Con-*
ventus non possint alienare vel vendere. Voulant
pareillement que, pour la conservation desdits
Livres, les conditions qu'il a leuës dans le Chapitre 18. de leurs Constitutions soient inviolable-
ment observées, qui portent que : 1. *Armarius*
omnes Libros Monasterii in custodia habet.
2. *Omnes propriis nominibus sigillatim annotatos*
habere debet. 3. *Per singulos annos bis aut ter ad*
minus eos recensere, et ne in eis aliquid vel à linea
vel aliqua alia corruptela infectum sit, diligenter
considerare. 4. *Nunquam armarius Libros com-*
modare debet foris..... Et, au surplus, afin de
memoire perpetuelle de ce legs ainsi fait pour
l'utilité du public, lesdits Religieux seront tenus
de faire faire un Tableau où sera inscrit ledit
present legs, avec toutes ses charges et conditions, et mettre ledit Tableau en un lieu émi-
nent en ladite Biblioteque, et le faire rafraîchir et
racommoder de temps en temps; en sorte que ce
soit un moyen pour donner à connoistre à la pos-
terité l'intention que ledit sieur Testateur a eû de
servir au public.

Suppliant iceluy sieur Testateur Messieurs les
Avocats Generaux du Parlement, de se donner
la peine une fois l'année, à leur commodité, de
voir l'ordre de ladite Biblioteque, et passer, s'il
leur plaist, une journée avec lesdits Religieux, et

les avertir des plaintes, si aucunes leurs estoient faites par les Gens d'Etude; et à cette fin sera mis és mains desdits sieurs Avocats Generaux un extrait du present Testament concernant lesdits legs et les charges d'iceluy.

Et pour executer ledit present Testament, ledit sieur Testateur a nommé et élû Messire Iean Iacques du Bouchet, Seigneur de Ville-Flix son frere, qu'il supplie.....

Ce fut ainsi fait, dicté et nommé, par ledit sieur Testateur, ausdits Notaires, l'an 1652. le 27. jour de Mars avant midy.

Et a ledit sieur Testateur, signé la minutte des presentes, avec lesdits Notaires soussignez, demeuré vers et en la possession dudit Gallois, l'un d'iceux.

Signé LE CARON. GALLOIS.

EXTRAIT DU CATALOGUE

DE LA

Bibliothèque de l'abbaye de Saint-Victor

Dressé en 1677

PAR CHARLES LE TONNELIER [1]

Quelque soin qu'on apporte a ranger les liures d'une Biblioteque nombreuse, les différentes matieres des auteurs, jointes aux différentes grandeurs des liures ne permettent pas d'y apporter vn ordre parfaict; si bien que, malgré que l'on en ayt, on est obligé de mesler les matieres les unes auec les autres sans distinction, et d'auoir recours aux catalo-

---

1. *Catalogus bibliothecæ Victorinæ. Opera et studio Caroli Le Tonnelier, bibliothecarii*, 1677. (Bibliothèque Mazarine, manuscrits, n° 3265.) Voyez ci-dessus, p. 52.

gues, tant pour faciliter la memoire des Bibliotc-
quaires, et donner par ce moyen vne cognois-
sance facile aux estrangers des tresors qui y sont
renfermés, que pour rectifler ce qui y est defec-
tueux.

Il en fault trois :

Le premier sera selon l'ordre des Tablettes,

Le second doit suiure la lettre Alphabétique,

Et le troisiesme selon les differentes Matieres.

C'est l'ordre que nous auons suiuy dans la Biblioteque de S¹ Victor.

Monsieur de Blemur, mon predecesseur, dont
les hautes qualites luy ont acquis ᴐ justes tiltres
les premieres dignités de cette Aubaye, et est a
present prieur de S¹ Guenault de Corbeil, membre
dependant de l'Abbaye de S¹ Victor, employé
dans toutes les grandes affaires du diocese, a
commencé le premier, qui est selon l'ordre des
tablettes, et nous, a son imitation auons continué
ce mesme volume, et enfin terminé.

Plus, nous auons faict le second, par ordre Al-
phabetique, lequel contient trois volumes in folio
escrits de ma main. Ils ne sont pas dans la derniere exactitude, quoyque j'y aye apporté beaucoup de soin et d'application. La difficulté qu'il
y a de conseruer plusieurs petits papiers entassés
les vns sur les autres pour former cest ordre Al-
phabetique, particulierement pendant la chaleur

de l'esté, qu'on est obligé de se donner de l'air; le mesme zephir qui vous resiouit de sa fraischeur a troublé l'ordre qui auoit esté mis dans ces papiers pour executer le dessein qu'on auoit proietté, disgrace qui m'est arriué trois fois, et qui est cause des fautes qui s'y rencontrent.

Vous remarquerés, s'il vous plaist, que nous auons mis les auteurs sous la premiere lettre de leur surnom, encor que ce soit un nom emprunté, comme il arriue quelque fois. Ceux qui sont anonymes uous les trouuerés sous la lettre de la Matiere dont ils traitent : comme s'il traite de la penitence vous trouuerés l'auteur sous la lettre P; que si c'est un commentateur, uous le trouuerés sous le nom de l'auteur qu'il a commenté.

Chaque volume est coté a deux lettres et un chiffre. La premiere est la lettre qui regne tout le long de l'Armoire; la seconde est celle de la planche, et le chiffre marque le rang que tient ledit auteur sur sa tablette; comme par exemple le premier volume de la premiere tablette de la premiere Armoire est coté A. a. 1; le grand A regne tout au long de l'Armoire. le petit a ne ua que le long de la tablette, et le chifre augmente a mesure que les liures auancent en nombre. La seconde tablette est A. B; la troisiesme A. c et ainsy du reste. Ce premier Alphabet va jusques a la lettre R, qui font seize Armoires, et commence

a gauche en entrant dans la Biblioteque. Le second Alphabet, qui est double, commence a la
main droite de la Biblioteque, en entrant, et a
trois lettres : deux grandes et vne petite, A.A. ᴀ. I,
B.B. ᴀ. I et C, etc. jusques a G.G., qui font sept
armoires.

Le troisiesme Alphabet est le petit ᴀ, et commence a main gauche en entrant a la Biblioteque,
dessous et dessus les fenestres, et aussi dedans les
armoires qui sont au milieu de la Biblioteque,
qui ouurent des deux costés, depuis la lettre ᴀ.ᴀ. I.
jusques a la lettre ᴫ, qui font seize armoires.

Il y a encor vne armoire dans la Biblioteque
Manuscripte qui y est au dessus de la porte d'i-
celle, pleine de petits liures in octauo, qui sont
marqués sans lettres, mais seulement par vn
I. 2. 3. 4, ce sont des memoires d'histoires dont
j'ay faict vn appendix particulier au catalogue,
auec les Liures de l'Impression du Louure.

Pour ce qui est du troisiesme, qui est selon les
matieres, il contiendra plusieurs tomes.

Le premier commence par le texte de la Bible,
dont nous en auons plusieurs exemplaires; j'en
conte quarente neuf ou cinquante, sans ceux qui
sont dans les chambres.....

Je finis par les ouurages des Peres que j'ay mis
par ordre chronologique, avec les tables de leurs
ouurages... Vous trouuerez icy plusieurs auteurs

qui ny deuroyent point auoir, quoyqu'ils soyent Peres de l'Eglise, parce qu'ils ont trauaillé sur des matieres qui ont leur rang en d'autres endroits. Mais j'auois a faire a vn escriuain remply de si bonne uolonté pour mon seruice, qu'il y auroit uolontiers mis touts les liures de la Biblioteque si ie l'eusse uoulu laisser faire....

Procès verbal d'apposition de scellés sur la Bibliotéque de St Victor, par M. Hardy, officier municipal et commissaire de l'administration des biens nationaux ecclésiastiques, le 18 février 1791 [1].

L'an mil sept cent quatre vingt onze, le vendredy dix huitieme jour de février, dix heures du matin, nous Jacques Joseph Hardy, officier municipal et commissaire à l'administration des biens nationaux, en vertu d'une délibération du corps municipal, nous sommes transporté en la maison des ci devant religieux de l'abaye de S. Victor, à l'effet d'apposer les scellés, tant sur la porte de la bibliotheque renfermée

1. Archives de l'Empire, série S, carton n° 2069.

dans le nouveau bâtiment, que sur l'ancienne bibliothèque. Après nous être assuré qu'il n'existoit aucune communication avec les bâtimens voisins, et ayant au paravant fait fermer devant nous toutes les fenetres desdites bibliotheques, à laquelle opération nous avons procédé en présence de MM. Antoine Lagrenée, ci devant prieur de ladite maison de S. Victor, et Jean Charles Marie Bernard, bibliothécaire. Et de suite avons apposé une bande de fil sur la porte d'une des deux bibliotheques faisant la séparation d'icelles; aux extrémités de laquelle bande de fil, avons apposé le cachet de la municipalité, dont l'empreinte ci contre [1]. Et de suite avons fermé la principale porte d'entrée desdites deux bibliotheques. Avons également apposé une bande de fil sur la serrure de ladite porte, aux deux bouts de laquelle nous avons également apposé le même cachet; pour la conservation desquelles nous avons requis M. Durand, serrurier, à l'effet d'appliquer une plaque de tole couvrant lesdits scellés. Et de suite nous nous sommes transportés dans le bâtiment dit de l'infirmerie, au second étage où est placé le cabinet renfermant les cartons d'estampes et de géographies, ainsi que le médailler, sur la porte duquel nous avons pareillement apposé une bande

---

1. Ce cachet est apposé en marge, en cire rouge.

9

de fil sur la serrure de ladite porte, aux deux bouts de laquelle nous avons apposé le même cachet de la municipalité. Avons de suite remis les clefs desdites portes audit sieur Jean Antoine Mathieu, garçon desdites bibliothèques, que nous avons constitué gardien desdits scellés et clefs, au nombre de six; desquelles il s'est chargé, s'obligeant par lui de representer lesdites à la première réquisition qui en sera faite de la part de la municipalité. Ce fait, M. Lagrenée nous a représenté que son appartement renfermoit une pendule donnée par Madame Duplessis; que l'on étoit dans l'usage de depenser la somme de deux livres par mois pour les honoraires de l'horloger chargé de l'entretenir et remonter. Ce fait, nous avons clos le présent procès-verbal, et ont mesdits sieurs susnommés signés ces presentes.

J. J. HARDY.
MATHIEU.

LAGRENÉE.
BERNARD.

Procès verbal de levée des scellés apposés sur la Bibliotheque de l'abbaye de Saint-Victor [1].

L'an mil sept cent quatre vingt onze, le Vendredy vingt cinq février, neuf heures du matin, Nous, Jacques Joseph Hardy, officier municipal et commissaire à l'administration des domaines nationaux, sommes transporté, assisté de M. Ameilhon, bibliothécaire de la municipalité, en la maison des ci devant chanoines réguliers de S. Victor, à l'effet de lever les scellés par nous apposés le vendredy dix huit du présent sur les portes tant des deux bibliotheques de la maison, que sur celle d'un petit cabinet au second étage renfermant les estampes, cartes géographiques et médailles. Comme nous allions lever les scellés

---

1. Archives de l'Empire, série S, carton n° 2069.

apposés sur ladite porte-du petit cabinet,
M. Ameilhon nous a observé qu'il désiroit que
lesdits scellés restassent sur ladite porte jusqu'à
ce que l'on vienne procéder au recollement des
médailles inventoriées dans le procès verbal
dressé par MM. Dargy, Filleul et Santerre; et les
scellés apposés sur la porte de ladite pièce sont
restés, ainsi que les clefs, à la garde dudit sieur
Mathieu, gardien cy nommé [1].] Étant arrivés
dans ladite maison, nous avons, en présence de
MM. Antoine Lagrenée, ci devant prieur, et de
Jean Charles Marie Bernard, ci devant bibliothécaire de ladite maison, ensemble du sieur Jean
Antoine Mathieu garçon de ladite Bibliotheque,
constitué gardien desdits scellés, fait lever la
plaque que nous avions fait placer sur la serrure
de la principale porte d'entrée de la bibliotheque,
pour conservation et sureté desdits scellés. Et de
suite après les avoir reconnus, par la vérification
que nous en avons faite avec ledit cachet de la
municipalité, qu'ils étoient sains et entiers, avons
fait ouvrir les portes et avons déclaré à mesdits
sieurs Prieur et bibliothécaire susnommés qu'en
exécution des résolutions prises par les comités
d'aliénation et des affaires ecclesiastiques de

---

1. La phrase mise ici entre deux crochets a été ajoutée en marge
sur l'original.

l'assémblée nationale, mondit sieur Ameilhon susnommé étoit chargé de faire procéder à l'inventaire et confection du catalogue desdites bibliotheques, dont les clefs lui ont été à l'instant remises, ainsi qu'il le reconnoit et s'en charge, le tout pour opérer la décharge dudit sieur Mathieu, gardien. Ce fait, nous avons clos le present proces verbal, et ont mesdits sieurs susnommés signé avec nous cominissaire susdit ces presentes.

LAGRENÉE.   AMEILHON.   MATHIEU.

BERNARD.   J. J. HARDY.

MANUSCRITS

RELATIFS

à l'Abbaye de Saint-Victor

et conservés aujourd'hui

à la Bibliothèque Impériale

dans le fonds dit de Saint-Victor

---

550 [1].—*Cartularium abbatiæ Sancti Victoris.* In-octavo sur vélin, écriture des quatorzième, quinzième et seizième siècles.

463.—*De rubricis et modo celebrandi officium, ad usum ecclesiæ Sancti Victoris.* In-quarto, papier, écrit en 1467.

27.—*Ordinarium divini officii, ad usum ecclesiæ Sancti Victoris Parisiensis.* In-folio, vélin, seizième siècle [2].

---

1. Ces chiffres indiquent le numéro sous lequel est inscrit le manuscrit.

2. *Scriptum a Claudio Huault, quondam priore de Valle, 1556.*

551.—*Breviarium ecclesiæ Sancti Victoris.* In-octavo, vélin, quatorzième siècle.

329. — *Breviarium ad usum ecclesiæ Sancti Victoris.* In-folio, vélin, quatorzième siècle, miniatures [1].

520 —*Breviarium et Missale ad usum Sancti Victoris Parisiensis ecclesiæ.* In-quarto, vélin, quinzième siècle.

226.—*Missale ad usum ecclesiæ Sancti Victoris Parisiensis.* In-folio, vélin, quinzième siècle, miniatures.

528.— *Diurnale ad usum Sancti Victoris.* In-octavo, vélin, seizième siècle.

829. — *Martyrologe de Saint Victor, par le P. Dorat.* In-quarto, dix-huitième siècle [2].

15.—*Necrologium abbatiæ Sancti Victoris Parisiensis.* In-folio, vélin, quatorzième au dix-huitième siècle.

088. — *Necrologium abbatiæ Sancti Victoris Parisiensis.* In-folio, vélin, quatorzième siècle.

122. — *Liber capitulorum et antiphonarium, ad usum ecclesiæ Sancti Victoris Parisiensis.* In-folio, vélin [3].

---

1. *Scriptum expensis Joan. Pastorelli. 1392.* Voyez ci-dessus, p. 18.

2. On lit sur le titre : *Ex dono domini Josephi Dorat, exprioris, autoris et scriptoris, die 4 maii 1761.*

3. Magnifique manuscrit, écrit en lettres d'argent sur vélin pourpre.

667.—*Ordinationes capitulorum generalium congregationis Sancti Victoris.* In-quarto, papier, seizième siècle.

785. — *Statuta abbatiæ Sancti Victoris.* In-quarto, vélin, treizième siècle.

987. — *Constitutiones regalis abbatiæ Sancti Victoris Parisiensis.* 2 volumes in-folio, vélin, seizième siècle [1].

1044. — JOANNES DE THOULOUZE, *congregatio Victorina.* In-folio, papier, dix-septième siècle.

473. — *De fundatione regalis abbatiæ Sancti Victoris.* — *Epitaphium Hugonis, Richardi et Adæ* [2], *canonicorum Sancti Victoris.* In-quarto, vélin, quinzième siècle.

1054.—J. PICARD, *fondation, progrés et antiquités de l'abbaye de Saint-Victor.*—*Chronicon ecclesiæ Victorinæ.* In-folio, papier, dix-septième siècle [3].

1049. — JOANNES DE THOULOUZE, *tractatus de fundatione Sancti Victoris et gestis abbatum.* In-folio, papier, dix-septième siècle [4].

---

1. Le premier volume a été écrit par J. Corard, portier de l'abbaye.

2. On sait que l'original de cette épitaphe, gravée sur une plaque de cuivre, est aujourd'hui conservé à la bibliothèque Mazarine.

3. A la fin : *Vita magistri Hugonis de Sancto Victore, opere ac studio reverendi Patris Joannis Picardi.*

4. A la fin : *Nomina canonicorum abbatiæ Sancti Victoris Pa-*

— 137 —

1003.—Le Tonnelier, *annales ecclesiæ Sancti Victoris Parisiensis, ab anno 1110 ad annum 1658.* In quarto, papier, dix-septième siècle.

1038. — *Antiquitatum regalis abbatiæ Sancti Victoris Parisiensis libri duodecim*, *auctore* P. Joanne de Thoulouze. In-folio, papier, dix-septième siècle.

1039.—Le même ouvrage, 2 volumes in-folio, papier.

1041.—Le même ouvrage. In-folio, papier.

824.—*Journal de Saint-Victor, de 1499 à 1534, par le P.* Driard. In-quarto, papier, seizième siècle.

1037.—*Annales abbatialis ecclesiæ Sancti Victoris Parisiensis*, *auctore* J. de Thoulouze. In-folio, papier, dix-septième siècle.

1043.—Le même ouvrage. 4 volumes in-folio, papier.

432.—Le même ouvrage. 7 volumes in-folio, papier.

842.—*Annales historiques de l'abbaye de Saint-Victor de Paris, et vies et ouvrages de quelques-uns de ses chanoines célèbres.* In-quarto, papier, quinzième siècle [1].

risiensis. Il a été traduit en français et imprimé sous ce titre : *Abrégé de la fondation de l'abbaye Saint Victor lez Paris, succession des abbes, privileges et singularitez d'icelle.* Paris, 1640, in-folio.

1. A la fin du volume se trouve un grand nombre de pièces diverses relatives à l'abbaye.

1040.—*Vies et maximes saintes des hommes illustres qui ont fleuri dans l'abbaye de Saint-Victor de Paris*, par le P. SIMON GOURDAN. 6 volumes in-folio, papier, dix-septième siècle [1].

823.—*Histoire de l'abbaye de Saint-Victor de Paris durant mon temps*, par le P. F. PH. GOURREAU. 2 volumes in-quarto, papier, dix-septième siècle [2].

1042.—*Mémorial du R. P. J.* DE THOULOUZE, *du 25 avril 1605 à 1656*. 2 volumes in-folio, dix-septième siècle [3].

1047.—*Recueil de pièces latines et françoises relatives à l'abbaye de Saint-Victor*. In-folio, papier, dix-septième siècle.

1122. — *Catalogus typographicus bibliothecæ manuscriptæ S⁰ⁱ Victoris, a* CLAUDIO DE GRANDILICO, *canonico eiusdem abbatiæ, ordi-*

---

1. Simon Gourdan entra à l'abbaye de Saint-Victor en 1661 et mourut en mai 1729. Son portrait gravé se trouve dans le *Mémorial* de Jean de Thoulouze (voyez ci-dessous, n° 1042), t. II, p. 281. Le manuscrit dont nous venons de donner le titre est une copie faite, selon toute apparence, par l'auteur lui-même. L'original, suivi de l'approbation de l'abbé de Saint-Victor, et même du permis d'imprimer, forme six volumes in-quarto, qui sont conservés à la bibliothèque Mazarine sous les n° 2981 et A-C.

2. On y trouve les autographes d'une partie de sa correspondance particulière.

3. Le premier volume s'arrête au 31 décembre 1652. La fin du second volume n'est plus de la main de Jean de Thoulouze.

natus, anno 1514. In-quarto, moitié papier, moitié vélin [1].

946.—*Stephanus Reynardus, catalogus bibliothecæ Victorinæ Parisiensis, anno* 1623. In-quarto, papier [2].

---

1. Voyez p. 29 .
2. Voyez p. 35 et 114.

FIN

ADDENDA

P. 38.—En 1639, un marquis d'Urfé, sans doute parent de l'auteur de *l'Astrée*, donna à l'abbaye un volume qui porte cette inscription : *Ex dono Illustrissimi domini Marchionis d'Urfé,* 1639 [1].

P. 52.—Le fameux abbé Cotin envoya, vers 1662, à la bibliothèque de Saint-Victor, un exemplaire de sa *Pastorale sacrée*, sur lequel il écrivit ces mots : *Pour les RR. PP. de Saint-Victor, du cœur et de la main de l'auteur*. C. Cotin [2].

P. 52.—Le catalogue dressé par Le Tonnelier est aujourd'hui conservé à la bibliothèque Maza-

---

1. Bibliothèque Mazarine, *nouveau fonds*, théologie, in-8°, n° 97 C.
2. Bibliothèque Mazarine, *nouveau fonds*, théologie, in-8°, n° 85.

rine[1]. Il a pour titre : *Catalogus bibliothecæ Victorinæ. Opere et studio Caroli Le Tonnelier, bibliothecarii, 1677.*

P. 59. *Ex dono Dⁿⁱ Joannis Martineau.*
      Ex dono Dⁿⁱ La Grené Victor. 1662.

---

1. Bibliothèque Mazarine, *manuscrits*, n° 3265. Voyez d'ailleurs p. 123.

TABLE GENERALE

DES MATIÈRES

TABLE GÉNÉRALE

DES MATIÈRES

BRETAIGNE, les *Funérailles d'Anne de Bretagne*, 87.

BRÉVIAIRES mss. à l'usage de l'abbaye de S.-V., 135.

BREVISCOXA (J. de), *royez* JEAN de Courtecuisse.

BRIXIENSIS (B.), *royez* BARTHÉLEMY de Bresse.

BROCARD, chanoine d'Augusta, lègue un volume à la biblioth. de S.-V., 20.

BRUELLE, bibliothécaire de S.-V., 61, 65.

BRUNET (Léonard-Charles), bibliothécaire de S.-V., 60, 65.

BURIDAN (Jean), ses *commentaires sur Aristote*, 81.

BURY (R. de), *royez* RICHARD.

CAMBE (P. de), *royez* PIERRE.

CAMPELLENSIS (G.), *royez* GUILLAUME de Champeaux.

CANTIMPRATENSIS (Th.), *royez* THOMAS de Cantimpré.

CANTOR (P.), *royez* PIERRE le Chantre.

CANTUARIENSIS (Ans.), *royez* ANSELME de Cantorbéry.

CARON (Jean le), notair», reçoit le testament de H. du Bouchet, 40, 43, 117, 122.

CARNOTENSIS (Yvo), *royez* YVES de Chartres.

CATALOGUES DE LA BIBLIOTHÈQUE DE SAINT-VICTOR; dressés en 1513 et 1514 par Claude de Grandrue, 29. — Revus en 1604 par Guillaume Cotin, 32.— Refaits par Etienne Regnard, 35. — Revus par Ch. Le Tonnelier, puis par Bouet de la Noue, 52. — Analyse de ceux qui étaient en usage au dix-huitième siècle, 68, 69.—Extrait de celui de Claude de Grandrue, 99 et suiv. — Introduction de celui d'Et. Regnard, 114 et suiv. — Introduction de celui de Ch. Le Tonnelier, 123 et suiv.

CATON (Dionysius), ses *Distiques*, 83, 84, 91.

CÉLESTINS de Paris, Philippe de Mézières leur lègue ses biens, 89.

CERVEAU (Claude), bibliothécaire de S.-V., 60, 65.

CÉSOLE (J. de), *royez* JACQUES.

CHAMPEAUX (G. de), *royez* GUILLAUME.

CHARLEMAGNE, ordonne l'établissement d'écoles gratuites, 1, 2.

CHARLES V, roi de France, traductions entreprises par ses ordres, 78, 89, 90.

CHARTIER (Alain), ses *œuvres*, 84.

CHARTIER (Guillaume), évêque de Paris, donne un volume à la biblioth. de N.-D. de Paris, 92.

CHATELET, ordonnances sur les arts et métiers, 80.

CHIRURGIE, *royez* MÉDECINE.

CHRISTINE de Pisan, ses *Notables moraux*, 83.—Sa *Cité des dames*, 84.

CLAUDE de Grandrue, bibliothécaire de S.-V., organise la bibliothèque, 28. — Dresse un double catalogue des volumes, 29, 101, 138. — Sa mort, 30. — Son successeur, 32. — Introduction et extrait de son catalogue, 100 et suiv. — Cette introduct. imitée par Et. Regnard, 114.

COCHERIS (H.), publie le *Philobiblion* de Richard de Bury, 90.

COLLÉGE DE NAVARRE, *moralité* qui y fut représentée, 84.

COMESTOR (P.), *royez* PIERRE.

CONCEPTUALISME, théorie philosophique d'Abélard, 4.

CONCILES, *royez* : BALE, LATRAN, LONDRES, ROUEN, TRENTE.

CONDÉ, *royez* PIERRE de Condé.

CONSTANTIN l'*Africain*, ses *œuvres*, 80.

CONTET, bibliothécaire de S.-V., 59, 65.

CONTRACTUS, *royez* HERMANN.

CONTY (E. de), *royez* EVRARD.

COPISTES, d'abord payés par le couvent, 7. — Où installés à S.-V., 31.

CORAN, exemplaire ms. conservé à S.-V., 70.

CORARD (J.), portier de S.-V., donne à l'abbaye un ms. écrit par lui, 136.

CORBEIL (M. de), *royez* MICHEL.

ACHEVÉ D'IMPRIMER

POUR LA PREMIÈRE FOIS A PARIS, LE XXXI DÉCEMBRE M. DCCC. LXIV.

PAR

BONAVENTURE, DUCESSOIS ET Cⁱᵉ

POUR

A. AUBRY, LIBRAIRE

A PARIS

RECHERCHES

SUR LA

BIBLIOTHEQUE

PUBLIQUE

DE L'ÉGLISE

NOTRE-DAME DE PARIS

AU XIII* SIÈCLE

D'APRÈS DES DOCUMENTS INÉDITS

PAR

ALFRED FRANKLIN

DE LA BIBLIOTHÈQUE MAZARINE

In-8° imprimé avec lettres ornées et fleurons.

Papier vélin	253	exemplaires	5 »
— vergé	28	—	8 »
— chamois	10	--	12 »
— chine	6	.....	15 »

SOMMAIRE :

HISTOIRE

DE LA

BIBLIOTHÈQUE MAZARINE

D'APRÈS DES DOCUMENTS INÉDITS

PAR

ALFRED FRANKLIN

DE LA BIBLIOTHÈQUE MAZARINE

In-8ᵉ d'environ 350 pages, imprimé avec lettres ornées et fleurons.

PREMIÈRE PARTIE. LA BIBLIOTHÈQUE DU CARDINAL MAZARIN.— I. *Mazarin et Naudé.* Les bibliothèques publiques et les bibliothèques particulières au XVIIᵉ siècle. La bibliothèque du palais Mazarin. — II. *La Fronde.* Les Mazarinades. Le Parlement. Christine de Suède et Richelieu. — III. *Fondation de la bibliothèque Mazarine.*

DEUXIÈME PARTIE. LA BIBLIOTHÈQUE MAZARINE.— I. *Le Collége des Quatre-Nations.* La bibliothèque du Roi Les bibliothèques pendant la Révolution. La bibliothèque Mazarine et l'Institut. Organisation intérieure de la bibliothèque Mazarine. II. *Description de la bibliothèque Mazarine.* —III. *Curiosités et raretés bibliographiques qui y sont conservées.*

Papier vélin	300	exemplaires	0 »
— de couleur	12	—	12 »
— vergé	25	—	15 »
— de Chine	6	—	15 »

LA BIBLIOTHÈQUE IMPÉRIALE

SON ORGANISATION, SON CATALOGUE

PAR

ALFRED FRANKLIN

In-12	1 »
QUELQUES EXEMPLAIRES SUR PAPIER DE HOLLANDE	2 50

RECHERCHES

SUR LA

BIBLIOTHEQUE

DE LA FACULTÉ DE MÉDECINE

DE PARIS

D'APRÈS DES DOCUMENTS ENTIÈREMENT INÉDITS

SUIVIES

D'UNE NOTICE SUR LES MANUSCRITS QUI Y SONT CONSERVÉS

PAR

ALFRED FRANKLIN

DE LA BIBLIOTHÈQUE MAZARINE

1 volume in-8°, imprimé avec lettres ornées et fleurons.

Papier vélin	300	exemplaires		5 »
— vergé	28	—		8 »
— chamois	10	—		12 »
— chine	6	—		15 »

SOMMAIRE :

Origine de la Faculté de médecine de Paris. — Sa bibliothèque. — Les étudiants du XIIIe siècle. — La rue du Fouarre. — Célibat imposé aux médecins. — La médecine et les conciles. — L'élection du doyen au XIVe siècle. — Catalogue de la bibliothèque de la Faculté en 1395. — Son règlement. — Legs que lui font P. d'Auxonne Évrard de Conti, J. Despars, etc. — La Faculté s'établit rue de la Bûcherie. — Elle refuse de prêter un volume à Louis XI. — Vols dans la bibliothèque. — Elle est fermée, et les livres enchaînés. — Les examens ; redevance des gants et des bonnets ; thèses curieuses. — Barbiers et sages-femmes. — Legs faits à la bibliothèque. — Elle est ouverte au public ; jours et heures des séances ; vacances. — Le bibliothécaire et l'appariteur. — La Faculté est transportée rue Saint-Jean de Beauvais : état actuel de ses bâtiments primitifs. — La Révolution ; l'école de chirurgie. — Marques et estampilles des livres de la bibliothèque ; ses catalogues. — Notice sur les manuscrits que possède aujourd'hui la Faculté. — Les *Commentaires*. — Reproduction du *Journal* tenu par le doyen P. Desvallées en 1395.

RECHERCHES HISTORIQUES

SUR LE COLLÉGE

DES QUATRE-NATIONS

D'APRÈS DES DOCUMENTS ENTIÈREMENT INÉDITS

PAR

ALFRED FRANKLIN

DE LA BIBLIOTHÈQUE MAZARINE

In-8º imprimé avec lettres ornées et fleurons.

Papier vélin.	251	exemplaires.	5 »
— vergé.	24	—	8 »
— chamois.	10	—	12 »
— chine.	0	—	15 »

SOMMAIRE :

CHAP. I. FONDATION — Testament de Mazarin. — Deux idées de Richelieu. · CHAP. II. CHOIX DE L'EMPLACEMENT. — Délibérations des exécuteurs testamentaires. — Projet de Colbert. — Le jardin des Plantes. — L'hôtel de Nesle. — CHAP. III. CONSTRUCTION. — Achat de terrains. — Indemnités accordées aux personnes expropriées. — Traitement des architectes. — Dépenses. — CHAP. IV. DESCRIPTION. — Physionomie du palais de l'Institut en 1689. — Boutiques qui entouraient la façade. — La chapelle. — La bibliothèque. — Logements des professeurs et des élèves. — Les salles d'études. — Le réfectoire. — La cuisine. — La rue Mazarine. — CHAP. V. OUVERTURE DES CLASSES. — CHAP. VI. PERSONNEL. — EMPLOYÉS, leur hiérarchie et leur traitement. — ÉLÈVES. — Conditions d'admission. · Trousseau. CHAP. VII. ORGANISATION INTÉRIEURE. — Chambre des élèves, leur mobilier. — Les repas : couverts, linge, vaisselle. — Nourriture : consommation du Collége année moyenne, prix des denrées alimentaires en 1686. — Division des classes ; professeurs. — Peines corporelles. — Les *martinets*. — Règlement intérieur ; emploi de la journée. — Récréations, promenades, sorties. — CHAP. VIII. ADMINISTRATION FINANCIÈRE. — Recettes et dépenses. — Traitement des employés, impôts, éclairage, chauffage, blanchissage ; pain, vin, viande, beurre, sel, lard, etc. - La Régence. — Contributions patriotiques. - CHAP. IX. L'INSTITUT DE FRANCE. — L'Université disparaît. — Fondation de l'Institut ; son installation dans les bâtiments du Collége.

Paris. - Imprimé chez Bonaventure, Ducessois et Cⁱᵉ.

LIBRAIRIE CURIEUSE ET HISTORIQUE DE A. AUBRY

DU MÊME AUTEUR :

RECHERCHES
SUR
LA BIBLIOTHÈQUE PUBLIQUE
DE L'ÉGLISE NOTRE-DAME DE PARIS
AU XIIIe SIÈCLE

D'après des documents inédits. In-8.

    Papier vélin. 253 exemplaires. . . . . . 5 »
    — vergé. 8 fr. — chamois, 12 fr. — Chine, 15 fr.

HISTOIRE
DE LA BIBLIOTHÈQUE MAZARINE

D'après des documents inédits. In-8 d'environ 350 pages.

    Papier vélin. 300 exemplaires. . . . . . . 6 »

RECHERCHES
SUR LA BIBLIOTHÈQUE
DE LA FACULTÉ DE MÉDECINE
DE PARIS

D'après des documents entièrement inédits

SUIVIES D'UNE
NOTICE SUR LES MANUSCRITS QUI Y SONT CONSERVÉS

    Papier vélin. 300 exemplaires. . . . . . 5 »
    — vergé, 8 fr. — chamois, 12 fr. — Chine, 15 fr,.

LA BIBLIOTHÈQUE IMPÉRIALE

Son organisation, son catalogue. In-12.

    Tiré à petit nombre sur papier vélin fort. . 1 »
    Quelques exemplaires sur papier de Hollande. 2 fr. 50

LES ORIGINES
DU PALAIS DE L'INSTITUT
RECHERCHES HISTORIQUES
SUR LE
COLLÉGE DES QUATRE-NATIONS

D'après des documents entièrement inédits. —In-8.

    Papier vélin. 254 exemplaires. . . . . . 5 »
    — vergé, 8 fr. — chamois, 12 fr. — Chine, 15 fr.

Paris.—Imprimé par Bonaventure, Ducessois et C°,
55, quai des Augustins.

Contraste insuffisant

NF Z 43-120-14